BRASIL, ESTRATÉGIA E PROJETOS

Luiz Maurício de Andrade da Silva

Doutor em Administração pela Universidade de São Paulo

Prefácio: Rubens Nunes

Doutor em Economia pela Universidade de São Paulo

Revisão de texto: Ana Cristina de Andrade Silva

Bacharel e Licenciada em Letras pela Universidade de São Paulo

2019

SUMÁRIO

Agradecimentos

Prefácio

Introdução

Capítulo 1. Formação do Povo Brasileiro

Capítulo 2. Teorias para tentar reduzir o atraso brasileiro

Capítulo 3. Planejamento estratégico

Capítulo 4. Teoria do Diamante

Capítulo 5. Valores Compartilhados

Capítulo 6. Competitividade e formação de clusters empresariais

Capítulo 7. Compromisso dos trabalhadores

Conclusões

Agradecimentos

Este livro é – em certa medida – o resultado de mais de vinte e sete anos de trabalho no ensino superior, entre aulas e pesquisas. De forma que devo a todos os meus alunos e orientandos um agradecimento em tom de dedicatória. Agradeço à minha querida irmã Ana Cristina pela paciente e competente revisão do texto. Agradeço à designer e editora Inês Quintanilha McGee, por ter me iniciado na plataforma digital, e por ter preparado, com notável competência, os uploads de meus livros. Agradeço à minha família, especialmente a minha esposa Valéria, pelos comentários sobre o livro e também pela paciência com a "liturgia do pato". Dedico este livro a todas as crianças atendidas pela Associação Helena Piccardi de Andrade Silva, fonte inesgotável de reflexões e inspiração.

O Autor

Fevereiro de 2019

Prefácio

O pequeno livro que você, leitor, tem agora em mãos se distingue de outros trabalhos que tratam de estratégias para o desenvolvimento do Brasil em pelo menos dois aspectos: o Professor Luiz Maurício mesclou a reflexão sobre o futuro do Brasil com a avaliação da própria trajetória de vida – algo que só é possível para um espírito maduro. O outro traço distintivo é a coragem de colocar opiniões, por vezes polêmicas, em linguagem clara e direta, sem a preocupação de agradar, nem medo de desagradar ninguém. Não espere, portanto, caro leitor, encontrar nas páginas que se seguem um espelho que reflita suas próprias crenças.

A proposição de que as instituições são relevantes para o desenvolvimento de qualquer sociedade, sintetizadas na palavra de ordem da Nova Economia Institucional *"Institutions matters!"*, é hoje amplamente aceita na academia. Contudo, é preciso avançar no entendimento sobre o funcionamento das instituições. As regras de política que ficaram conhecidas como Consenso de Washington, que em tese seriam adotadas por países desenvolvidos, não produziram os efeitos esperados em alguns países em desenvolvimento que as adotaram. Por outro lado, países que violaram algumas das regras relativas à regulação econômica apresentaram crescimento sustentável.

Como entender o paradoxo? Instituições importam, mas aparentemente a adoção de instituições corretas não é suficiente para o desenvolvimento. O Professor Luiz Maurício dá algumas pistas. Ao invés de analisar cada regra isoladamente, o que importa é a "arquitetura institucional" de uma nação, isto é, o conjunto de regras formais e informais, e como, dentro do conjunto, as regras se reforçam, se complementam ou mesmo se contrapõem. Correndo o risco de distorcer o pensamento do autor, eu diria que nesta pequena obra a arquitetura institucional brasileira, forjada desde os tempos coloniais, é descrita como extrativista. As atividades mais rentáveis, com exceção de poucos setores competitivos, são aquelas que exploram estoques, sejam de recursos naturais, sejam de recursos sociais, como a poupança forçada por lei e o próprio orçamento dos entes da administração pública. Como exemplos do extrativismo de recursos sociais poderíamos citar desde o imposto sindical até o crédito subsidiado oferecido abundantemente aos chamados campeões nacionais.

Se o Consenso de Washington não garante o desenvolvimento, tampouco a política industrial dirigista o faz. As distorções nos preços relativos necessárias para a consecução da política industrial geram oportunidades de corrupção. Nos casos em que a política industrial ativa teve sucesso, instituições de combate à corrupção foram atuantes. Ademais, a política industrial teve, nos casos de sucesso, uma demarcação clara dos setores (não das empresas ou empresários) estratégicos. A política do benefício setorial produz incentivos para que muitos setores invistam recursos na captura desses benefícios, em detrimento da busca por inovação e competitividade. As regras do jogo acabam incentivando o aparecimento de um empreendedorismo extrativista de recursos públicos. Na rota de desenvolvimento com política industrial ativa, a abertura comercial serve para disciplinar as indústrias que se beneficiam dos incentivos, que devem se traduzir em aumento da competitividade externa.

Política industrial que seleciona discricionariamente empresas e empresários, economia com baixo grau de abertura, promiscuidade entre políticos, agentes públicos e empresas: essa é a receita do fracasso e da estagnação.

Em um conhecido diálogo de *Alice no País das Maravilhas*, Alice pergunta ao Gato qual caminho deve seguir. O Gato, com lógica irretocável, ponderou que o caminho que se deve seguir depende de a onde se quer chegar. Diante da indecisão de Alice, o Gato concluiu: "Então não importa o caminho que você escolha". O Brasil, parece sugerir o Professor Luiz Maurício, não está sendo capaz de dizer a onde quer chegar, daí escolher a esmo os caminhos, indo na direção em que sopra o vento da política fácil e imediata.

A recuperação da estabilidade macroeconômica, sustentada por orçamento equilibrado no longo prazo, câmbio flutuante, e metas de inflação, favorece o desenvolvimento econômico, mas não parece ser suficiente. Entre as políticas de caráter universal, a educação universal de qualidade teria o papel de reduzir as desigualdades de oportunidades e preparar o futuro trabalhador para competir em escala global. A redução da desigualdade de oportunidades, além de constituir um valor em si mesmo, fortaleceria o mercado doméstico.

A proposta aqui apresentada é a escolha de setores estratégicos para o desenvolvimento, nomeadamente o agronegócio, a biotecnologia, as telecomunicações, a aeronáutica, o petróleo, a química fina e a cultura, que já revelam competitividade internacional ou, ao menos, potencial para competir. A nova política industrial seria baseada no planejamento de longo prazo, prevendo a redução da dependência do orçamento público, da modernização das relações de trabalho e do comprometimento crescente das empresas líderes com o desenvolvimento social. Ao invés de campeões nacionais, seriam criadas redes de grandes, médias e pequenas empresas capazes de inovar para competir.

Você, caro leitor, não precisa concordar com todos os diagnósticos e propostas apresentadas pelo Professor Luiz Maurício. Nem ele espera, tenho certeza, a concordância de todos. Mas não deixe de refletir sobre os tópicos discutidos nas páginas que se seguem. Mais que um pacote fechado de propostas, encare este pequeno livro como uma agenda para discussão do presente e do futuro do Brasil.

Rubens Nunes

Professor de Economia Industrial da Universidade de São Paulo

Introdução

Desde muito jovem venho nutrindo crescente interesse por reflexões – desenvolvidas com maior frequência pelos mais experientes, como professores, políticos, artistas e intelectuais – sobre o Brasil, sua situação atual e principalmente seu futuro vindouro.

Nunca me conformei com explicações que exigiriam que aceitássemos nossa condição de inferioridade ou submissão em relação a outros países ditos "dominantes". Seja nos submetendo ao pensamento de nações de outras regiões geográficas, outras culturas, ou ainda nos submetendo a diferentes padrões de desenvolvimento econômico.

Mas a grande dificuldade mesmo, com a qual sempre me deparei, foi sobre as explicações que se inclinavam, e ainda persistem, para a forma de colonização que sofremos aqui em toda a América do Sul. Talvez eu, na medida em que fui amadurecendo – mesmo que ainda muito inexperiente – estivesse intuindo que em uma região geográfica tão rica culturalmente, habitada em seu início por incas, maias, astecas e nativos indígenas, não poderia agora estar sendo tão inferiorizada. Ou poderia haver alguma razão, talvez imposta por outros países, para que apresentássemos esta baixa autoestima. Para que se tenha uma boa noção, positiva, acerca de nossa herança, nas Américas, basta que se estude a chamada Cultura Clóvis, obra indígena datada de cerca de 13.000 anos. Ou, mais recentemente, as descobertas nas cavernas Paisley, no estado do Oregon (EUA), ou ainda o Monte Verde no sul do Chile. É fato que ainda pairam muitas controvérsias sobre a verdadeira origem dos povos das Américas, mas a mais provável é a de grandes imigrações de povos asiáticos, vindos para cá pelo Pacífico, via estreito de Bering.

É bem verdade que nossa forma de colonização (ibérica na América do Sul) foi brutal, violenta, espoliadora. Muito diferente da colonização (anglo-saxônica na América do Norte) que nossos vizinhos setentrionais de continente sofreram. Mas, me parece, isto não pode ser uma sentença de morte, uma condenação inexorável, nem a única das explicações para o nosso (ainda) persistente atraso.

Para reforçar estes argumentos, imagine, em uma situação hipotética, uma linda menina, rica e de família nobre. Agora suponha que esta menina fosse furtada, espoliada de praticamente todos os seus bens materiais. Pois bem, depois desta suposição, você passaria a considerar esta menina alguém inferior, porque fora assaltada? Você passaria a considera-la irrecuperável, porque fora furtada? Pois é assim que me parece, fazem-nos crer, que seja o Brasil fadado ao fracasso, porque outrora protagonista de insólitos acontecimentos.

Mas hoje estou convicto de que não devemos pensar assim, e ao longo deste livro irei expor as razões porque penso que não. De forma que procurarei indicar algumas direções de possível auxílio, para que saiamos deste pensamento recorrente e deste persistente atraso. O Brasil conserva em seu âmago aquilo que de melhor se poderia identificar nos povos indígenas, notadamente sua capacidade primitiva de navegação. Digo isto porque para este território vieram apenas homens europeus, não mulheres europeias. De maneira que os ventres que depois geraram nosso povo – nossos traços culturais primordiais – foram todos ventres de mulheres indígenas.

No que diz respeito aos homens europeus que para cá vieram, deles herdamos também traços primordiais muito positivos, como a arte de movimentar-se e guiar-se por longas viagens. Sim, não penso nos portugueses apenas daquela forma pejorativa com que se tornou comum no Brasil, o mítico "português da padaria". Nem nos italianos e espanhóis mitificados como "mafiosos ou violentos".

Penso é nos italianos e portugueses descendentes de Cristóvão Colombo, de Vasco da Gama e de Pedro Alvares Cabral, grandes descobridores. Grandes navegadores destemidos. Pois foram estes que inocularam no DNA dos brasileiros sua enorme capacidade de trabalho, criatividade e forte vocação pragmática. Em combinação com o sangue das índias que nos gestaram.

Neste livro, que procura contrariar os principais axiomas sobre o Brasil e seus caminhos para o desenvolvimento, você irá descobrir qual a relação positiva entre um cavalo, se mirarmos em nosso passado distante, e um satélite, se mirarmos em nosso futuro vindouro. Foram os cavalos que deram movimento e desenvolvimento aos índios norte-americanos. Somos também uma nação com forte vocação para a criação de cavalos, como as raças representadas pelos cavalos manga-larga paulista e também pelos cavalos mineiros manga-larga marchadores. Ou ainda os admiráveis e dóceis cavalos crioulos do sul do Brasil. Somos uma nação com forte vocação para a produção de aviões, com o notável complexo acadêmico-industrial brasileiro representado pelo Departamento de Ciência e Tecnologia Aeronáutica (DCTA) e pela indústria brasileira de aviões Embraer.

Temos uma forte ligação com os dois extremos temporais do conceito de movimento. De um lado os formidáveis cavalos, que, segundo Lawrence Bergreen, em sua majestosa obra de 2011 (página 275), cita o professor da Universidade do Texas, Alfred Crosby, que afirma:

> *"O cavalo deu ao índio a velocidade e a resistência necessárias para que se aproveitasse a imensa quantidade de alimento fornecida pelas manadas de búfalos da América do Norte e as manadas de gado selvagem que se propagaram tão rapidamente nos campos de ambas as Américas".*

De outro lado os aviões, representando o que existe de mais complexo em termos de mobilidade contemporânea. E representando assim, na modernidade, o grande desafio deste século, a exploração do espaço sideral, e a exploração, na imensidão do espaço, de, talvez, até mesmo minerais, água e fontes energéticas oriundas de outros planetas. Por mais estranho que isto possa parecer hoje, talvez tenha sido com o mesmo espanto que os reis católicos da Espanha receberam as ideias de Cristóvão Colombo. Lembre-se que quando o italiano iniciou suas navegações em direção à Índia, não se sabia nem mesmo se era o Sol que girava em torno da Terra, ou vice-versa. Portanto estes navegadores enfrentaram grandes obstáculos que hoje, com a disponibilidade de aparelhos como o GPS nós nem conseguimos avaliar as reais dificuldades de quem entrava milhas e milhas mar a dentro, guiando-se por uma rudimentar navegação celestial.

Hoje nós brasileiros encontramo-nos diante de um dos nossos maiores desafios, iniciado há mais de cem anos pelo também brasileiro Alberto Santos Dumont: o desafio de posicionarmo-nos definitivamente na galeria dos pioneiros e inovadores, pois trazemos em nossos genes a origem do movimento, representado pelos cavalos e os feitos dos grandes navegadores e suas primeiras expedições, e a faísca do futuro promissor, representado pelos inventos aeronáuticos. Precisamos agora realizar as escolhas certas para o desenvolvimento de uma nova era de raras oportunidades. Falo da exploração do espaço sideral. O desafio envolto com a decisão de desenvolvermos os nossos próprios satélites geoestacionários de defesa e de telecomunicações, o aparato tecnológico e de capacitação humana adjacentes.

Esta relação positiva depende fundamentalmente de um esforço obstinado de planejamento. De planejamento de longo prazo. Planejamento estratégico, que o Brasil ainda não realizou com a devida pertinácia e consistência. Consistência com a qual pretendo contribuir ao escrever este livro. Naturalmente outros esforços, mais consistentes ainda, deverão se seguir a este que ora ambiciono.

Mas uma constatação me parece certa: não podemos continuar tentando aprender apenas e tão somente com nossos erros, cometidos no passado recente. É chegada a hora de nos posicionarmos de forma equivalente às ambições de nosso povo, ainda que povo sofrido, povo trabalhador incansável. É chegada a hora de encontrarmos as direções certas para que não sejamos mais espoliados, nem posicionados em condição de submissão. Para chegarmos aqui muito foi feito. Pense nos pioneiros da aviação brasileira, pense em quantos não "entregaram" suas vidas nos primórdios da aviação brasileira, acidentando-se em antigos Junkers e DC-3 (Silva, 2014), voando sem recursos de navegação como os que são muito comuns atualmente. Estes pilotos também foram gênios, assim como Alberto Santos-Dumont, assim como os navegadores quinhentistas. Devemos honrar suas memórias retomando o caminho que nos trouxe até aqui, hoje a terceira maior potência mundial em aviação.

Falo de um tipo de planejamento de longo prazo menos preocupado com divisões de classe, como aquela a que se atém o modelo materialista histórico – com patrões de um lado e empregados de outro, base conceitual ideológica, e por que não dizer teológica[1], que está na origem de alguns de nossos partidos políticos – e mais preocupado com um modelo de desenvolvimento que possa servir aos interesses tanto de empregadores quanto de empregados, e de toda a

---

[1] Refiro-me às comunidades eclesiais de base.

vasta classe média, hoje, e sempre, preponderante. Mas, principalmente a classe baixa brasileira, a que o intelectual, então presidente do IPEA, Jessé Souza (2015), se referiu como "a ralé".

Sou oriundo da classe proletária de meu país. Fui caixa de banco, corretor de imóveis, funcionário de concessionária de automóveis e despachante de aviões de uma grande companhia aérea. Depois de cursar Administração, em seus três níveis (graduação, mestrado e doutorado) sinto-me parte integrante daquilo que o economista John Kenneth Galbraith (1908-2006) chamou de tecnoestrutura.

Uma classe posicionada no quarto inferior dos extremos, e contribuinte, como eu, de conhecimentos especializados que podem se somar aos conhecimentos tácitos da classe laboral, assim como aos anseios de intelectuais e artistas, tal qual aqueles tão bem representados pelos *hippies, new ages*, pacifistas e adeptos do *rock and roll*, que nos inspiraram e continuam inspirando desde a década dos sessenta. Ademais, não podemos nos esquecer que a cultura brasileira também pode, e deve, juntamente com os setores agropecuário, petrolífero e aeroespacial, ser um dos sustentáculos da nova estratégia a que me refiro neste livro.

O Brasil contemporâneo e seus dinâmicos setores produtivos como o do agronegócio e da biotecnologia, o das telecomunicações, da aeronáutica, do petróleo, da química fina e da cultura, forma em suas universidades verdadeiras hordas de jovens em cursos de Administração, Economia, Direito, Engenharia e tantas outras atividades que depois de formados se dedicarão à gestão das empresas destes e outros setores, e que estão – assim como eu – carentes de um modelo de desenvolvimento apartado das questões políticas e ideológicas, que tanto cansaço já nos causaram.

Falo de um modelo como aquele a que Domenico de Masi (2014, citando Blaise Pascal) se refere apoiando-se nos conceitos *de esprit de géométrie* (racional, quantitativo) e *esprit de finesse* (estético, qualitativo). Nunca os separando, mas sempre buscando conjuga-los.

Ainda que o Brasil tenha crescido pouco nos últimos 12 anos – com um PIB per capita que nunca passou de 25% do crescimento verificado nas nações ricas – o país, além de ampliar substancialmente sua classe média, ainda tirou da pobreza, neste período, milhões de habitantes. No entanto continuamos a figurar entre as nações do planeta que apresentam a maior desigualdade econômico-social (Stiglitz, 2012; Souza, 2015). Redução da pobreza é muito importante. E isso vem sendo feito. Redução da desigualdade é outra coisa. Para isto pretendo contribuir com esta obra. Pretendo contribuir para a redução da desigualdade, com propostas de planejamento estratégico focado no desenvolvimento econômico e na soberania de nossa nação. Ainda que professor aposentado de uma Academia Militar de Educação, não pretendo falar de aspectos de defesa e do aparato militar necessário à garantia de nossa soberania, o que não é menos importante. Pretendo falar, isto sim, de uma soberania calcada na educação, na pesquisa científica e no desenvolvimento econômico. Desenvolvimento econômico harmonicamente atrelado a um Estado soberano e forte. Não gigante e fraco.

Nossa falta de dedicação com os processos de industrialização – e, portanto, desenvolvimento econômico – data já do período em que o Brasil foi colonizado pelos portugueses, como se pode constatar pela inexistência, no Brasil colonial, de refinarias de açúcar. O produto era exportado em sua forma mais bruta. Ademais, desde essa época em que exportávamos o produto quase *in natura*, ficamos conhecidos no mundo todo como desleais, uma vez que era comum a colocação de pedras no fundo dos caixotes de barretes de açúcar mascavo, para ludibriar o peso comercializado. Portanto os problemas com nossa (des)industrialização, baixa autoestima e vulnerabilidade à corrupção vêm do período colonial, e ficaram depois mais evidentes com a revelação, feita pela Polícia Federal, dos esquemas de corrupção da chamada "Operação Lava Jato" iniciada no Brasil em 2013.

Outro aspecto importante era o grau de devastação que a produção de cana-de-açúcar impunha às florestas brasileiras (muita madeira era necessária para alimentar os fornos), assim como a violência da escravidão, sem nenhum freio das instituições governamentais e jurídicas, que mais pareciam impulsioná-las do que freá-las.

Assim, a minha tese é de que o que realmente faltou no Brasil foram instituições fortes de regulação, cuja ausência, em última instância, acaba prejudicando também as empresas, a produção industrial. E, além disto, o Estado brasileiro nunca realizou a necessária tarefa de coordenação e foco nas atividades que seriam determinantes para o sucesso da nação no longo prazo, como, por exemplo, o estímulo ordenado a alguns setores prioritários, seja por vocação (como o aeronáutico), seja por maior disponibilidade de meios (como a agricultura e o petróleo). O problema não foi as pessoas que para cá vieram, mas as frágeis instituições que aqui se criaram. A começar pela sua elite econômica, antes de mais nada, interessada na desigualdade. E que joga com a (des)industrialização de um lado para o outro, ao sabor das ondas políticas e do favoritismo, como pretexto que, imaginam eles, pudesse ocultar *ad eternum* seus inconfessáveis esquemas de corrupção com o setor público brasileiro.

O Brasil vive hoje uma de suas mais severas crises institucionais, com denúncias rotineiras de corrupção e disfunções no exercício das atividades políticas, arquitetadas em dois outros vértices de uma espúria triangulação: as empresas privadas e os frágeis esquemas de controle do funcionalismo público. Não há dúvidas de que estes problemas vêm assolando o país desde o período colonial. A diferença fundamental entre ontem e hoje é que hoje se está apurando e impondo as responsabilidades e penalidades. Penalidades impostas quase sempre àqueles oriundos de uma elite econômico-patriarcal sovina e pedante, e um nepotismo político, que, tomando de assalto o que deveria ser bem público, levou o país a esta notável desigualdade. Desigualdade que aparece clara e recorrentemente em todas as estatísticas nacionais: 5% da população mais rica controlando 50% da riqueza do país (Leitão, 2015).

O receituário mentiroso para o encetamento dos desvios é bem conhecido por todos os brasileiros. Uma minoria de representantes do setor privado promovendo verdadeiras orgias em conluio com os representantes do executivo e do legislativo nacionais. O povo nunca participou disto. O povo brasileiro não é responsável por isto. O povo brasileiro, e sua formação, suas origens não tem nada a ver com isso. O povo brasileiro não suporta mais isto.

Talvez essa omissão dos legisladores e dos executores das políticas públicas tenha origem nas incursões frequentes com que a Colônia portuguesa intervia nos interesses brasileiros. A Revolta da Cachaça ocorrida no Rio de Janeiro em 1660 é lapidar para demonstrar os desacertos das políticas públicas brasileiras. Foi uma revolta dos pequenos e médios produtores de cana-de-açúcar contra a proibição de exportação de aguardente produzido no Brasil. Repito: proibição de realização de exportação de produto nacional, para favorecer a importação do vinho lusitano. A propósito, vale enfatizar ainda que a própria noção de economia de subsistência, tão arraizada como um dos cânones da sociologia e antropologia brasileiras, para explicar nosso atraso e dependência para com a corte colonizadora portuguesa, passou a se mostrar insustentável a partir de estatísticas econômicas (Caldeira, 2017).

A nação brasileira não aceita mais estes desmandos, ocorram eles seja lá por qual razão tenham ocorrido.

Muito alarmante, nos dias atuais, é constatar que uma significativa parcela de representantes de nossas universidades também tenham se curvado a todos estes desmandos. Com a única diferença de que, nas universidades, os culpados escolhidos são sempre outros: o imperialismo norte-americano, "que destrói"; e a ideologia marxista, "que constrói". Investigando mais a fundo as causas da desigualdade, observa-se que as universidades brasileiras acabam por ratificar este modelo de desigualdade quando, por exemplo, procuram, pelo método científico convencional, apartar as pessoas da sua capacidade de julgar e decidir com base na intuição, na ética, no sentido de circunstancialidade. Ratificam mais e mais a desigualdade quando, escondendo-se em uma suposta "racionalidade dos agentes"[2], complicam o que deveria ser simples e afastam-se daqueles a quem deveriam servir. Tornam-se assim uma elite quase episcopal, que se não tem a chancela da igreja, tem o "carimbo" cartorial da noção do que é certo ou errado. Do que é útil e do que não serve para nada.

Os cientistas estão utilizando a razão pragmática, a noção de racionalidade do método científico para, mais e mais, sedimentar este modelo de desigualdade, em que uns tudo podem e outros nem sequer conseguem pensar e julgar com a necessária inteligência (Kahneman & Tversky, 1976). Muito *esprit de géométrie* e nenhum *esprit de finesse*.

---

[2] Um dos corolários da teoria econômica clássica, que parte do pressuposto, depois verificado como nem sempre verdadeiro, de que todos os agentes decidem única e exclusivamente de forma racional, dispondo todos das mesmas informações, e buscando sempre a maximização da sua riqueza pessoal.

Pretendo que este livro ilumine um novo caminho para o Brasil, alicerçado em um planejamento de longo prazo, fortalecendo suas instituições econômicas e sociais. Com lastro em um Estado regulador forte apoiado na liturgia do Estado democrático de direito.

O povo brasileiro não suporta mais esperar o tempo de maturação de teorias que simplesmente não funcionam (Acemoglu e Robinson, 2012). Como foi o caso de se buscar explicar o atraso brasileiro pela lente da formação de nosso povo, ou, com o que fica ainda muito mais difícil concordar, em função da temperatura do ar e as condições climáticas, típicas da atmosfera encontrada nos trópicos (Freyre, Prado Junior, Buarque de Holanda). Sem falar na recente derrocada da tese da economia de subsistência (Caldeira, 2017).

O livro se inicia com considerações sobre a formação do povo brasileiro, envoltas em uma perspectiva empírica. Perspectiva esta que sempre teve a minha preferência como investigador, e procurarei, nas próximas seções do livro, explicar por quê. Depois é feita uma revisão de conceitos de planejamento estratégico, com ênfase em teorias de estratégias baseadas em recursos e microeconomia, como (i) a teoria do Diamante de Porter, e; (ii) a dos valores compartilhados de Porter & Kramer (2006).

Em seguida irá direcionar-se para o exame pormenorizado de aspectos microeconômicos que, contrapostos às tradicionais ênfases macroeconômicas exaustivamente repetidas pelos economicismo [3] brasileiro, formarão as bases de sustentação da competitividade a ser almejada em nossa nação. Competitividade esta assentada nas estratégias de suas empresas dominantes (Di Sério, 2007) – e demais agentes econômicos envolvidos na formação de *clusters* regionais, conectados a conglomerados mundiais – assim como seus trabalhadores, organizados sob esquemas menos rígidos de contratos de trabalho, se comparados ao tradicional aparato da CLT (consolidação das leis trabalhistas de Getúlio Vargas, 1953).

Gostaria de enfatizar que aqueles que se dispuserem a ler este livro estarão diante de um esforço de alguém que procurou unir experiência (empírica) de vida e grande esforço intelectual. Ou seja, trata-se de um trabalho que não é apenas teórico – jamais desmerecendo a importância do que é apenas teórico – nem baseado apenas em vivências práticas. O livro pautou-se integralmente por este norte, de conjugação entre o teórico e o prático. Da conjugação do *esprit de géométrie* com o *esprit de finesse*.

No que concerne à teoria, procurei embasá-la, em parte, em minha titulação acadêmica, e

---

[3] O economicismo (Souza, 2015; Stiglitz, 2013) é uma prática reducionista de buscar todas as explicações sociais, e do comportamento humano, por meio de uma única lente: a do economista. Partindo de pressupostos conceituais e métodos científicos frágeis, como a errônea constatação de que todas as nossas escolhas se baseiam sempre no corolário do *homo-economicus*, ou simplesmente Econs. E que, desta forma, seriamos sempre movidos a interesses exclusivamente materiais.

principalmente em meus 27 anos de magistério no ensino superior brasileiro. No que concerne à prática, procurei embasá-la em meus 15 anos de experiência vivenciada em empresas de diversos setores, e principalmente em minha experiência na direção e posterior aconselhamento aos Diretores da AHPAS (Associação Helena Piccardi de Andrade Silva), entidade sem fins lucrativos que atua no transporte de crianças e adolescentes carentes em tratamento de câncer na cidade de São Paulo. Instituição social que, antes de tudo, homenageia, leva o nome e mantém viva a memória de minha querida filha Helena.

Minha experiência acadêmica, aliada à experiência em diversas empresas privadas e uma organização pública de ensino, contribuiu para que eu reunisse energias e me arriscasse a tentar ajudar o meu país a pensar o seu futuro, seu planejamento estratégico.

Minha experiência na AHPAS contribuiu com uma melhor compreensão a respeito do povo brasileiro, meus respeitáveis conterrâneos e sua enorme capacidade de trabalhar e amar. Se faltou e ainda falta, ao povo brasileiro, a educação e acesso aos bens essenciais, como de fato sempre lhes faltou, não os culpemos por estas carências. Sabemos a quem este atraso interessava e continua interessando. Ao final da leitura irei deixar a você, em aberto, a conclusão mais importante: se existe ou não um enorme potencial humano habitando estas terras. Povo que hoje caminha sobre os restos mortais de seus antepassados, sem nem ao menos terem tido a oportunidade de compreendê-los. Compreendê-los em seu real significado.

Representado por homens de pertinácia, inovadores, mestres na arte do movimento.

Mas, acima de tudo, a experiência com a AHPAS iluminou minha visão acerca de como o Brasil pode realizar uma estratégia e um projeto de nação inovadores, equilibrando os setores público, privado e social. A busca pelo equilíbrio – talvez a resiliência – sempre pautou minha vida, espero agora, no limiar da completude de minhas atividades profissionais, ajudar meu país nesta busca pelo equilíbrio entre a lógica e a ecologia. Para que sejamos, eco(lógicos) e, parafraseando Gerd Gigerenzer não apenas lógicos, racionais, como viemos fazendo até aqui.

Se conseguir atingir tais objetivos com esta obra, ficarei, com isso, imbuído de forte sentimento de dever cumprido. Assim como fez um dos nossos mais ilustres conterrâneos, Alberto Santos-Dumont. Procuro fazê-lo não com o brilhantismo de Dumont, nem de grandes matemáticos como John Nash, por exemplo, que aparecerá ao longo do texto, mas pelos argumentos a favor da possível e necessária conjugação entre a prática e a pertinácia de um lado e o humanismo e a ética de outro.

O livro está dividido em duas partes. A primeira parte, mais opinativa, é composta por esta introdução e dois capítulos que procuram revisitar, olhar com outra perspectiva, nosso povo e as teorias que comumente são consideradas para discutir o Brasil.

Na segunda parte apresento cinco capítulos mais técnicos, em que são delineados a estratégia e os projetos de planejamento estratégico para o país. Além, naturalmente, das conclusões.

PARTE I: NOVA VISÃO SOBRE O BRASIL E SEUS CIDADÃOS

Capítulo 1. Formação do povo brasileiro

Como nos ensinaram os sociólogos brasileiros Gilberto Freyre, Sérgio Buarque de Holanda e Caio Prado Junior, o povo brasileiro foi formado pelo ventre de índias inoculadas por portugueses, e mais tarde por espanhóis e italianos, que para cá vieram em grande número, logo após o descobrimento do Brasil. Depois estes mesmos ventres passaram a acolher também o sêmen de africanos que para cá eram trazidos como peças de uma terrível engrenagem econômica. Terrível engrenagem econômica que só era possível graças ao baixo patamar de civilidade e urbanidade verificados na maior parte das nações seiscentistas (Pinker, 2012).

> *Pequeno interlúdio sobre o período seiscentista*
> Na Alemanha do século XVII era impresso o primeiro jornal, chamado *Relation* (1609), quando o volume de informações que circulava entre as pessoas era ínfimo, se comparado aos dias atuais. Um ano depois Galileu Galilei (1564-1642) descobre que Júpiter e a Terra giram em torno do Sol. E não o oposto, como se fazia acreditar. Imagine quão arriscadas eram as navegações marítimas até então. Renè Descartes (1596-1650) publica em 1637 seu livro mais influente "Discurso do Método", que iria abrir a grande fase de valorização da chamada racionalidade. Em 1651 o inglês Thomaz Hobbes (1588-1679) publica o seu Leviatã, discorrendo sobre a necessidade da existência de governos e noção de Estado, para fazer frente à máxima *Bellum omnia omnes* (impulso humano para a guerra de todos contra todos). Aqui importa observarmos a gradual perda de poder das religiões, com a ascensão do poder dos Estados nacionais. Em 1654, ano em que Blaise Pascal (1623-1662) lança com Piérre de Fermat (1601-1665) os princípios da teoria das probabilidades, inicia-se a fase que ficaria conhecida como Renascimento. Até então, antes do Renascimento, a noção que se tinha do risco era baseada em crenças religiosas, ou na mais pura sorte. E em 1666 Isaac Newton (1643-1727) descobre a lei da gravitação universal, reforçando assim o ideal da máxima racionalidade. Ficara reforçada a noção de que dadas algumas informações como

> peso, velocidade e localização, tudo o mais poderia ser previsto com a máxima acuidade.

Mas voltando ao início da formação do povo brasileiro, temos que desta miscigenação entre índios e europeus, foram surgindo vários exemplares para atender a demanda de trabalhadores que as elites econômicas colonizadoras do Brasil, ou que aqui recebiam seus favores, necessitavam para manter a sua engrenagem funcionando. A primeira foi o crioulo que, nascido no Nordeste e no recôncavo baiano brasileiro, mais exatamente nas senzalas dos engenhos de açúcar, não encontrava no continente sul americano melhor sorte do que a que encontraram na África seus antecedentes. E o pior foi depois, com a abolição da escravidão, terem sido abandonados à própria sorte.

Outro produto destes cruzamentos de índias brasileiras com brancos europeus – sob a catequese dos jesuítas, que para cá também vinham em grande número – foram os caboclos. Com uma diferença geográfica, uma vez que estes se fixaram em maior número nos seringais da Amazônia, e passavam a compor uma mistura de crioulos e índias da floresta. Ou seja, nordestinos eram então desviados para outro interesse econômico, desta vez a borracha dos seringais. Tendo como única garantia de sobrevivência as economias provenientes de seus roçados de mandioca e milho. Observe que tanto na realidade do crioulo quanto na do caboclo uma coisa nunca faltou: trabalho. Trabalho extenuante e mal remunerado. Segurança, saúde e educação então, melhor nem pensar.

Então surge outra derivação da formação original do povo brasileiro, o sertanejo, que, por sua vez passa a representar o nascimento de um fugidio traço empreendedor na civilização brasileira de baixa renda, apartada das elites dominantes. Isto porque foram os sertanejos que, baseando-se em uma economia pastoril fornecedora de carne, iniciaram no Brasil central das caatingas e dos cerrados, a produção e comercialização de couro e bois depois fornecidos aos senhores de engenho.

E não menos importante neste tipo de organização social nascente, surgem os caipiras paulistas acompanhados de mineiros pobres, porque errantes e cheios de mobilidade. Darcy Ribeiro chama estes brasileiros de resultantes de um híbrido de negros quilombolas, brancos e índios desvirilizados. Importa observar a continuidade das motivações mercantis destes brasileiros, assim como seus traços de disciplina herdados das já numerosas casas militares. De acordo com Gilberto Freyre (p.207-225):

> "Além da influência jurídica (vá queixar-se com o bispo) que de fato a igreja portuguesa possuía, em Portugal houve ordens religiosas que foram também militares. (...) São Jorge a cavalo e de espada na mão, armado para combater hereges (...) Santo Antonio (...) militarizado em tenente-coronel."

Por fim temos, ainda na formação deste caleidoscópio de raças, os gaúchos. Estes foram se estabelecendo como herdeiros dos paulistas na destruição das missões jesuíticas, atuando, ainda segundo Ribeiro (1995), com base no rico mercado de gado em pé, bois de carro, cavalos de montaria e muares de tração e carga.

O que parece digno de grifo é o já intenso e maçante trabalho braçal realizado por este povo então em formação. Sendo facilmente perceptíveis estes traços ainda hoje nos milhões de brasileiros que circulam por este imenso território, seja como ambulantes, como microempreendedores, pedreiros ou outros arranjadores de sobrevivência.

Importa lembrarmo-nos sempre do verdadeiro abandono a que foram lançados todos os trabalhadores outrora escravos ou subempregados dos antigos senhores feudais e seus tresloucados arranjos familiares *vis a vis* a rotina dos engenhos. Hoje encontramos esta gente em lides domésticas ou em estabelecimentos comerciais quase sempre irregulares ou informais, ou mesmo em duras jornadas de trabalho na construção civil, ou ainda a serviço dos mais abastados em suas propriedades rurais ou hotéis de luxo.

Qual de nós, brasileiros, não identifica facilmente, hoje, pelas ruas, avenidas e becos das grandes cidades, os descendentes diretos destes que formaram o povo brasileiro? Sobretudo em suas atividades rotineiras de sustento e sobrevivência. Alguns ainda vocacionados para a organização social típica dos engenhos, como os sambistas. Outros trabalhando como motoristas de ônibus, motoboys, ajudantes de pedreiros e outras profissões, mas que conservam em seus hábitos o alimento baseado na farinha, no feijão e no milho.

Como disse Darcy Ribeiro (1995 p.454-455):

> "O Brasil é já a maior das nações neolatinas, pela magnitude populacional, e começa a sê-lo também por sua criatividade artística e cultural. Precisa agora sê-lo no domínio da tecnologia da futura geração, para se fazer uma potência econômica, de progresso auto-sustentado".

Antes de eu ter atingido a maioridade civil, sempre estive em contato com muitos destes brasileiros de origem mais simples. Estou convicto de que, excetuando-se as situações traumáticas que possam afligir alguns destes brasileiros ou alguns de seus descendentes desgarrados pelo desespero (decorrente primeiro do abandono à própria sorte, depois pelo desemprego), todos iremos concordar que os traços primordiais dos miscigenados são traços de boa vontade, de disposição para o trabalho duro, da complacência e da solidariedade. Não podemos confundir estes traços culturais humildes e simples, com os hábitos ilegais típicos do desesperado, como os traficantes de drogas e integrantes de organizações criminosas e milícias.

Importa ainda lembrarmo-nos que o destino de muitos meninos e meninas, filhos de desgarrados, fora definido já na mais tenra idade, uma vez que foram privados de qualquer exemplo que pudesse aumentar as suas chances de competirem em um mundo desigual. Privados das mais elementares capacidades de concentração e prospecção – por talvez nunca terem visto seus pais lendo ou valorizando os estudos e a preparação para o futuro – desviam-se logo cedo em busca dos resultados imediatos e da sobrevivência que um "cabra-macho" deve saber realizar, mesmo que ainda menino. O mesmo se dando com as meninas, que, lamentavelmente, em muitas vezes, recorreram e continuam recorrendo ao atalho da entrega do próprio corpo para o sustento.

Lembro-me de uma experiência em que observei um trabalhador rural levantar uma cobertura, para abrigar o material de construção que eu iria comprar para dar início à uma pequena casa de sítio. Ele fez o serviço investindo apenas duas horas de seu próprio trabalho braçal, um machado e um martelo. Ao concluir ainda afirmou, como que para aumentar minha admiração e apreço pelo seu trabalho: "Vivi vários anos sob uma construção simples como esta, dormindo e fazendo as refeições com a família em piso de terra batida."

Quando iniciei a faculdade precisei trabalhar para custeá-la, e o fiz trabalhando em horário noturno em uma empresa aérea brasileira chamada VARIG (Viação Aérea Rio Grandense S.A.). Trabalhava à noite para poder cursar Administração na Pontifícia Universidade Católica de São Paulo (PUC/SP) em horário diurno. Assim iniciei meus estudos e os primeiros entendimentos sobre a importância de alguns pensadores clássicos, como Adam Smith (1723-1790), o economista britânico que teve a coragem de propor, ademais de suas importantes lições como as que aparecem na sua principal obra "Uma investigação sobre a natureza e as causas da riqueza das nações", nada mais nada menos que o fim do uso da mão de obra escravagista.

Isto, nos dias de hoje, seria como alguém propor que não deveriam existir mais empregados domésticos, garçons, motoristas ou capatazes trabalhando em propriedades rurais. Ou, para sermos mais enfáticos, seria o mesmo que um engenheiro propor que não se deva mais utilizar o petróleo – ou os motores à combustão – como fonte de energia. Lembrando que no ano de 1776, ano em que Smith publicou sua obra mais importante, o mundo ainda teria que esperar 57 anos para ver a abolição da escravatura nas propriedades britânicas, através do que ficaria depois conhecido como o *"Slavery Abolition Act"* de autoria do filantropo inglês Sir Thomas Fowell Buxton. Apenas um ano antes havia se iniciado a guerra de independência dos Estados Unidos da América (EUA), cujo final só se daria em 1783, resultando na independência daquele país. Independência não só da Inglaterra, mas de toda a Europa.

Interessante observar também que em 1776 a Revolução Industrial britânica, resultado da implantação, nas tecelagens de Manchester, dos econômicos motores a vapor, patenteados por James Watt, completava apenas cinco anos. No Brasil, o que tínhamos? Apenas treze anos desde que a capital do Brasil havia sido transferida de São Salvador da Bahia de Todos os Santos para o Rio de Janeiro. E os jesuítas continuavam sendo sistematicamente expulsos do Brasil.

Em 1807 a família real portuguesa, pressionada por Napoleão, decide refugiar-se em sua colônia brasileira, mudando-se de Portugal para o Rio de Janeiro.

Outro fato histórico de bastante relevância – na tese central deste livro, como veremos mais adiante – ocorrido quase um século antes desta mudança de continentes realizada pela família real portuguesa, foi a apresentação que o brasileiro Bartolomeu Lourenço de Gusmão (1685-1724) fez, de forma pioneira, em território português, do primeiro balão de ar quente, baseando-se nos princípios de Arquimedes (287aC – 212aC).

Também relevante para a mesma linha de argumentação foi o fato ocorrido em 1824 quando o inglês iluminista humanitário Robert Owen (1771-1858) eleva a tecelagem escocesa New Lanark – hoje declarada "patrimônio da humanidade" pela Unesco – à condição de potência empresarial europeia. Esta tecelagem e seu principal gestor irão retornar com bastante ênfase no presente livro, em capítulos próximos, que tratarão a questão do cooperativismo e dos valores compartilhados.

Período em que Irineu Evangelista de Sousa (1813-1889), o brasileiro Barão de Mauá, controlava nesta época dezessete empresas, localizadas em seis países (Brasil, Uruguai, Argentina, Inglaterra, França e Estados Unidos), quando ganhavam impulso, também no Brasil, as indústrias de tecelagem do algodão. A retomada destes fatos, agora aparentemente isolados, irão ajudar a revelar mais adiante toda a sua dimensão e significado. Neste mesmo século dois brasileiros dão passos importantes para um dos setores em que depois iríamos ver realizada nossa maior vocação. Em 1880 Júlio César Ribeiro de Souza (1843-1887) adiciona dirigibilidade aos balões baseando-se nos princípios de funcionamento da hélice de Leonardo da Vinci (1452-1519). E no ano de 1894 Augusto Severo de Albuquerque Maranhão (1864-1902) aplicou os centros de gravidade e pressão aos dirigíveis. Permita-me, leitor, apenas por força de ênfase: todos brasileiros!

Hoje vemos muitos países ancorando seus planos e projetos em princípios (macro)econômicos que prometem, a partir do domínio da matemática e dos computadores – promessa talvez decorrente da racionalidade iniciada por Déscartes, imbuída de muito *esprit de géométrie* e pouco *esprit de finesse* – tudo poder prever.

Após o norte-americano Herbert Alexander Simon (1916-2001) ter lançado sua teoria conhecida pelo aforismo de "fronteira da racionalidade", que depois o levou à conquista do Prêmio Nobel de Economia em 1978, alguns ainda insistem em transmutar as seminais teses econômicas de Adam Smith, jurando poder planejar o futuro a partir de malabarismos macroeconômicos que não estão nos levando a lugar algum. Mais adiante voltaremos a esta questão e as demais questões abordadas de passagem nos parágrafos anteriores (e nos interlúdios), para tratar especificamente sobre alguns auspiciosos avanços da área de economia, representados pela microeconomia da estratégia empresarial, assim como da chamada economia comportamental.

Mas foi trabalhando na VARIG que despertei para os resultados positivos que se pode esperar de um trabalho árduo e continuo, sempre apoiado em padrões de excelência. Pouca macroeconomia e muito dinamismo microeconômico, com foco em setores produtivos de excelência. Foi nesta companhia que aprendi como o transporte aéreo pode ser conduzido de maneira segura se todos os agentes se respeitarem mutuamente e puderem trabalhar sem obstáculos burocráticos. Nesta empresa acompanhei o emprego das melhores máquinas daquela época (fiquei na VARIG entre os anos de 1979 e 1983), como os aviões quadrimotores Electra Lockheed de 90 lugares fazendo a ponte aérea Rio-São Paulo, convivendo harmonicamente com os tri-reatores Boeing-727 e os bi-reatores Boeing-737, nos mesmos aeroportos, de Congonhas/SP e Santos-Dumont/RJ. Neste período não houve nenhum acidente com os aviões da VARIG, nem sequer um incidente com os voos que decolavam e pousavam de hora em hora, não apenas nestes aeroportos em que eu trabalhava como despachante de passageiros e bagagens, além de realizar o manifesto de balanceamento que eu entregava aos comandantes dos aviões, muito orgulhoso, nas próprias cabines de comando. De outros aeroportos brasileiros decolavam também os lendários McDonnel Douglas MD-11 e os Jumbos Boeing-747, para os mais variados destinos no exterior.

Quando eu fui trabalhar na VARIG meu avô paterno já havia falecido. Coronel aviador reformado da Força Aérea Brasileira (FAB), um dos pioneiros do Correio Aéreo Nacional (CAN), por breve período Comandante da mais importante base aérea brasileira, a de Natal (RN), nem veio a saber que um de seus netos – além de trabalhar no setor aeroviário – iria se tornar professor e pesquisador da Academia da Força Aérea e da Universidade da Força Aérea. Felizmente, aprovado por concurso, não precisei da ajuda de meu avô paterno para ser um dos integrantes destas organizações, e nem para me tornar um profissional respeitado nestas instituições de ensino.

Pois aprendi que mesmo sendo oriundo da classe média de meu país, se me dedicasse, trabalhando em organizações sérias, em um país organizado na forma de um estado democrático de direito, acabaria por também conquistar um lugar ao sol. Não se trata de discutir ideologicamente questões de meritocracia e direito de oportunidades. Trata-se de trabalho árduo, continuo. Trata-se de um país permitindo que as organizações produtivas trabalhem e gerem os empregos de que seus cidadãos necessitam para sustento de suas famílias. Só isso.

O que se constata, cada vez com maiores evidências, é que o problema no Brasil não é o povo que aqui se formou. As teorias sociológicas mais sedimentadas sobre a formação do povo brasileiro simplesmente não funcionam para explicar o nosso atraso. Principalmente em função de algumas evidências básicas como (i) o povo brasileiro não é indulgente e preguiçoso; e; (ii) a dominação só se concretiza quando a elite encontra argumentos singulares para a dominação, como a que foi feita pelas elites econômicas e pela comunidade científica.

Vamos lançar algumas pistas de teorias que talvez funcionem melhor.

Capítulo 2. Teorias para tentar reduzir o atraso brasileiro

O Brasil vem alternando formas de gestão pública por vezes erráticas desde o período colonial, em que ora se privilegia o estado de bem-estar social (*welfare state*), quando o Estado cresce, se burocratiza e torna-se mais generoso com os menos favorecidos, ora se privilegia o estado gerencial, quando o Estado "enxuga" sua máquina e ganha agilidade de decisões, mas sacrifica os menos favorecidos expondo-os às vicissitudes do mercado e da competição.

Basta que se tome como exemplo dois governos federais que antecederam o da ex-presidente Dilma Rousseff, começando com o ex-presidente Fernando Henrique Cardoso e terminando com o ex-presidente Luiz Inácio Lula da Silva. O presidente FHC criou o Ministério da Administração e Reforma do Estado (MARE), que além de ter como objetivo principal reduzir o tamanho da máquina pública buscou implantar no Brasil aquilo que outros países como a Inglaterra e a Nova Zelândia já haviam logrado êxito, o chamado "Estado gerencial". No governo subsequente, do presidente Lula, o MARE foi extinto e o número de ministérios foi largamente ampliado. Em 2019, o governo de Jair Messias Bolsonaro reduziu novamente o número de ministérios.

O mais surpreendente é constatarmos que não se chega a uma visão compartilhada pela maioria, acerca do tipo de Estado que se quer para a nação brasileira. Tudo leva a crer que o *quid pro quo* formado no Brasil pode ser explicado – em grande medida – por um binômio de equívocos: (*i*) a insistência em se buscar formas jurídicas de controle do funcionamento do Estado, em detrimento de um planejamento estratégico coerentemente esboçado, com instituições econômicas e sociais fortes funcionando plena e livremente; e (*ii*) a falta de hegemonia entre os cidadãos acerca da visão de nação, decorrente de manipulações ideológicas e de dominação, "carimbadas" pelas mais respeitadas chancelas acadêmicas em nossas universidades.

Os professores Luiz Carlos Bresser Pereira e Peter Spink, da Fundação Getúlio Vargas (FGV) expressam bem esta antagônica visão de Estado nacional, em obras que escreveram sobre este tema, que cito no meu artigo em coautoria com o professor da Universidade de São Paulo Martinho Isnard Ribeiro de Almeida, um artigo científico para a Revista da Universidade da Força Aérea (2009). O Estado burocrático brasileiro foi alicerçado sobre o trinômio paternalismo, centralização decisória e assistencialismo.

O paternalismo para com o cidadão comum veio sendo praticado principalmente através do excesso de regalias ao funcionalismo público e seu sistema previdenciário, que se tornaram mais engessados ainda após a promulgação da Constituição de 1988. Já o paternalismo junto à classe empresarial veio através da adoção de uma restritiva política monetária apoiada em promessas de grandes obras e políticas de subsídio. A centralização decisória se apoiou em imbricados esquemas legislativos e jurídicos, permeando os níveis municipal, estadual e federal, sob a tutela deste último, que centraliza e controla os repasses das arrecadações aos estados e municípios.

Já o ideal de Estado gerencial seria mais adaptado à globalização, por meio de um eficiente sistema político de decisões, com otimização da eficiência produtiva – repassada à iniciativa privada e supervisionada pelo Estado – e concentrar-se-ia prioritariamente em: educação, saúde, segurança e saneamento.

Entre as diferentes formas jurídicas observadas rotineiramente no país, encontram-se: administração direta, administração indireta, empresa pública, empresa estatal, empresa mista, autarquia, fundação, agências reguladoras, contratos de gestão, parcerias público-privadas, organizações da sociedade civil de interesse público, entre outras. Esta complexidade de formas jurídicas teria sempre uma mesma inspiração inicial: controlar os atos dos administradores públicos. Não algum ideal de eficiência estratégica, somente controle. Mas a dura realidade mostra a corrupção e a má gestão dos recursos públicos campeando como se não houvesse controle algum. Ademais, esquemas arcaicos de seleção de fornecedores como a lei de licitações, tem exposto algumas de nossas instituições mais sérias ao ridículo, com prédios desabando ou quase, e obras sendo interrompidas por destrato.

Há necessidade, ainda, de se promover uma reforma administrativa do Estado, através de: reforma fiscal, reforma da previdência e eliminação dos monopólios. O novo papel do Estado é o de facilitar que a economia nacional se torne internacionalmente competitiva.

Necessitamos refletir e decidir se concordamos ou não com o argumento de que é graças ao tipo de instituições de um país, tanto econômicas quanto políticas, que iremos alavancar ou emperrar o desenvolvimento das empresas, gerando (ou não) riqueza e desenvolvimento para seus cidadãos. Não serão discussões ideológicas. Precisamos é discutir os incentivos que são dados aos indivíduos, às empresas e aos políticos. O povo brasileiro não suporta mais esperar. Se o capitalismo não é o sistema ideal, alguém já disse, é o que tem funcionado melhor.

Mas infelizmente sou obrigado a concordar com os autores Daron Acemoglu e James Robinson quando afirmam: "A maioria das hipóteses propostas pelos cientistas sociais para as origens da pobreza e da prosperidade não funciona e revela-se incapaz de explicar, de maneira convincente, as atuais circunstâncias".

Para reforçar estes argumentos os professores do MIT e de Harvard citados anteriormente dizem que se os traços culturais dos povos explicassem suas riquezas, a Argentina e o Uruguai deveriam ser mais ricos que o Canadá e os Estados Unidos, uma vez que nos dois primeiros há proporções maiores de descendentes europeus em suas populações. Japão e Cingapura quase não têm descendentes europeus e são verdadeiras potencias econômicas.

Precisamos entender que a política exerce um importante papel na construção da nação que queremos. O que determinou a passagem da China do comunismo para os incentivos de mercado e da meritocracia foram decisões políticas, não apenas a discussão sobre os melhores mecanismos para a economia.

São diferenças de incentivos para as pessoas e para as empresas e demais instituições de um país que geram maior ou menor desenvolvimento econômico. E estes incentivos dependem de decisões de agentes políticos dos poderes legislativo e do executivo. Nações pobres são pobres porque os poderosos que lá habitam assim o desejam. Nações ricas são ricas pois fazem com que os mecanismos de incentivo, mérito e desenvolvimento funcionem plenamente, sem corrupção.

Precisamos entender que o melhor para o Estado brasileiro é ficar apartado do funcionamento da economia e demais instituições sociais, como será aprofundado nos próximos dois capítulos deste livro. Seu papel crucial é o de defesa e garantia da saúde e dos direitos fundamentais, como segurança e educação. Iremos estudar nos próximos capítulos as teorias do Diamante e dos valores compartilhados, de Michael Porter, autor da Universidade de Harvard, que tive a honra de conhecer pessoalmente nos Estados Unidos. Mesmo que não concordemos com as teses de Michael Porter, sobretudo sua teoria do Diamante, que será elucidada no capítulo 4, ainda assim, devemos chegar a um acordo se concordamos ou não que o papel do Estado é permitir, facilitar, incentivar, regulamentar as empresas e as pessoas, para que todos trabalhem e produzam riquezas. O papel crucial do Estado é garantir o pleno funcionamento do estado democrático de direito, alicerçado nos princípios de liberdade e igualdade de oportunidades.

Precisamos acreditar na capacidade de nosso povo, dando a ele oportunidades e reconhecendo seu esforço, mesmo em áreas como a cultural e esportiva, que têm, no Brasil, forte vocação e capacidade de inclusão. O que importa é que o Estado permita que os poderes legislativo e judiciário operem harmonicamente, com servidores de ilibada competência e imbuídos da maior seriedade de propósitos, trabalhando na direção de um planejamento estratégico de nação.

A tese central do livro de Acemoglu e Robinson, e que é também a tese central deste livro, é de que o crescimento econômico e a prosperidade estão associados a instituições políticas e econômicas inclusivas.

O que atrapalha o Brasil já há muitos anos são instituições injustas e exclusivas, extrativistas. Mesmo em períodos de grande desenvolvimento o Brasil não conseguiu – e continua não conseguindo, em função da ausência de um planejamento estratégico sério e coerente – livrar-se de uma estratégia extrativista. Seja em sua concepção de funcionamento, seja na priorização de seus recursos. Continua sistematicamente extraindo seus recursos naturais, finitos, sem a menor cerimônia com as futuras gerações. Para não falarmos na postura não menos extrativista dos rentistas de plantão, como os bancos e seu funcionamento espúrio.

Nesse ponto, que se refere aos rentistas de plantão, associados aos ideólogos de plantão, os estragos são formidáveis. Joseph E. Stiglitz, mirando nos Estados Unidos, apresenta caminhos bastante interessantes para o Brasil. Seu argumento é que ideólogos e rentistas auxiliam-se mutuamente, ainda que com discursos antagônicos. Ideólogos sendo representados pelos intelectuais que atuam em algumas das mais importantes universidades e rentistas sendo representados por poderosos interessados em manter a desigualdade no país, ora banqueiros, ora até mesmo bancários.

Mas voltando a Stiglitz, e ainda que eu não concorde plenamente com a visão que este autor tem do funcionamento da economia e das empresas, insisto que alguns de seus argumentos sobre os rentistas de plantão podem auxiliar bastante. O próprio Stiglitz explica: "não é difícil se tornar rico se o governo vende a você por $500 milhões uma mineradora que vale mais ou tem potencial para gerar mais que $1 bilhão". Ou então, como banqueiro, você tomar emprestado do governo pagando taxa de 12% ao ano, e realizar empréstimos para seus clientes com taxas de juros de 15% ao ano.

Temos que nos convencer de que os dois grandes males que afligem a nós brasileiros, assim como um grande número de países, são a desigualdade e a degradação ambiental. A desigualdade deve ser banida naquilo que conserva de mais perverso, sobretudo no Brasil: a desigualdade de oportunidades. Uma criança brasileira que nasce em uma família pobre não tem as mesmas oportunidades que uma criança brasileira que nasce em família mais rica. Isso, que é injusto, não deve ser confundido com a desigualdade que sustenta os argumentos de muitos economistas modernos, de que a desigualdade não pode ser eliminada, sob o risco de se acabar com os incentivos para que os indivíduos trabalhem, poupem e invistam. O fator mais determinante para o sucesso de um indivíduo são as suas condições iniciais.

A desigualdade de oportunidades deve ser reduzida no Brasil. E para isto só existe um caminho promissor, pelo que se observa em inúmeros exemplos de outras nações. É fortalecendo as instituições econômicas e sociais, para que estas se desenvolvam em um ambiente coerentemente estimulado pelo

Estado, com sistemas políticos e jurídicos transparentes e soberanos.

No caso da degradação ambiental temos que estudar mecanismos para que se reduza a carga de efeitos (externalidades) negativos despejados sobre o meio-ambiente. Ao longo do livro, nos próximos capítulos irei apontar alguns possíveis caminhos para isso.

As externalidades, que podem se manifestar tanto de forma positiva quanto de forma negativa, representam um grande desafio para muitos países. São consequências indiretas de uma determinada atividade econômica. Por exemplo como quando um indivíduo resolve produzir carvão e gera desmatamento. Ou podem ser observadas também em microssituações, como a de dois vizinhos, um que se alegra com a presença de seu cão de estimação e outro que tem seu sono prejudicado pelos latidos do animal.

Exemplos de externalidades negativas são a poluição causada por um caminhão utilizado para transporte de cargas, ou a poluição das águas de um rio que recebe efluentes de uma tecelagem. No que diz respeito às externalidades positivas poderíamos citar exemplos como a melhoria na formação dos jovens de uma cidade onde existam bons colégios e universidades, ou os benefícios que a economia de uma região observa quando um grande centro de pesquisas se instala na localidade.

> ***Outro interlúdio, desta vez com foco na ciência***
> A ciência corroborou com uma visão de mundo fragmentada. Fragmentada não apenas na separação entre o pesquisador (e sua visão de mundo) e o seu objeto de estudo, exigência para que se respeitem os principais corolários do método científico universal. Fragmentou ainda quando ratificou, como de fato

vem ratificando, a submissão de alguns países a favor de outros. Pois os que mais produzem ciência patenteiam mais e enriquecem mais. Vamos retomar um pouco a cronologia de alguns acontecimentos fundamentais ocorridos na ciência, tomando com pano de fundo, é claro, as minhas áreas de especialização: administração, planejamento, gestão e teorias da decisão. Pretendo deixar claro que a base de minhas críticas não é dirigida à ciência e o indispensável método que utilizamos em nossas investigações. Ela é direcionada especificamente para áreas em que se coloca em dúvida nossa capacidade de julgar. Após o seminal trabalho de Herbert A. Simon, sobre a "fronteira da racionalidade", surge outro gênio chamado John Forbes Nash, Jr. (1928-2015), cuja contribuição também foi decisiva para uma nova perspectiva que se abriria mais a frente, sobre a Economia e seus agentes. Simon foi um matemático brilhante, a quem alguns atribuem inclusive responsabilidade pelos impressionantes avanços na inteligência artificial. Mas ele percebeu, já na década dos setenta, que não se conseguiria alcançar padrões de "otimização", como queriam alguns cientistas nas áreas das ciências exatas, logo após a segunda grande guerra, apenas com o *esprit de géométrie* (racional). Não que Simon estivesse propondo complementá-lo com o *esprit de finesse* (qualitativo). O que Simon percebeu foi que nunca chegaríamos ao ótimo simplesmente porque nem com os mais poderosos computadores até então imaginados, conseguiríamos chegar a tal racionalidade. Até porque a racionalidade assim almejada será sempre condicionada pelo ambiente em que ela ocorrer, como se a razão por um lado e o ambiente por outro, fossem duas lâminas de uma mesma tesoura. Qual é mais importante para o corte do papel? Existe, segundo ele, uma fronteira para esta racionalidade, que irá impor, como consequência, que consigamos não o ótimo, mas apenas o que seja satisfatório. Com essa teoria que, como já disse, ficou depois conhecida como "fronteira da racionalidade" Herbert Simon recebeu o prêmio Nobel de Economia de 1978. Já John Nash ganhou o prêmio Nobel de Economia em 1994, em função de sua "teoria do equilíbrio". Nesta abordagem teórica, que também contrariou os principais axiomas da economia clássica, Nash defendeu a tese de que se dois agentes insistirem em maximizar suas utilidades econômicas, não chegarão a bons resultados. Se procurarem sempre e tão somente a maximização de suas utilidades econômicas individuais, chegarão a um resultado intermediário, que não será o melhor, mas sim o resultado que refletirá um equilíbrio entre as escolhas de cada um. Este autor e sua experiência de vida – com diagnóstico de histeria – resultou até em um clássico da cinematografia mundial, o filme "Uma mente brilhante". O diretor do filme, no intuito de explicar a teoria do equilíbrio, recorreu a uma analogia com jovens universitários disputando a mais bela jovem em um bar: se todos inflexivelmente resolverem optar pela mais bela jovem, não considerando outras alternativas como jovens "nem tão belas, mas não desprezíveis", nenhum acabará ficando com a mais bonita, pois inexoravelmente só um dos contendores o fará. Isto, nas relações internacionais, com a chamada teoria dos jogos, fez com que se passasse a vislumbrar maiores benefícios que poderiam decorrer da cooperação entre os países, não mais a antiga visão em uníssono, de que as negociações deveriam sempre resultar em competição, nunca em cooperação. Existe um experimento da teoria dos jogos, que ilustra bastante bem a teoria de equilíbrio de Nash. Este experimento se baseia em uma situação hipotética em que dois cúmplices são presos e levados para celas separadas em uma delegacia. A promotoria afirma existirem provas suficientes para manter os dois presos por um ano, mas necessita de uma confissão, para ampliar a condenação. De forma que apresenta para cada um dos cúmplices a proposta de uma espécie de delação premiada, em que o delator se sairia melhor (livrando-se da prisão) e o delatado se sairia pior (tendo a pena ampliada de um ano para três anos). Mas neste experimento o que se observa também é uma alternativa de equilíbrio de Nash (em que ambos pegariam dois anos de prisão), que ocorre caso os dois confessem! Veremos a seguir que é na microeconomia dos setores produtivos, e não nos laboratórios de simulações macroeconômicas, que nossa capacidade de julgamento e boas decisões pode fazer toda a diferença para o Brasil. A submissão que algumas nações – com apoio em certa metodologia científica – está impondo a outras se dá, por exemplo, na visão que se tem da capacidade de julgamento humano em decisões. Tomando como ponto de partida experimentos controlados em laboratório, alguns pesquisadores (Kahneman & Tversky, Levitin, Thaler, Sustein, Gawande, Mlodinow) do hemisfério Norte, depois agraciados com a maior honraria científica que se pode receber, o prêmio Nobel, passaram a demonstrar que nós, humanos, simplesmente não sabemos decidir bem. E, não sabendo decidir bem, melhor seria sermos submissos àqueles

> que supostamente o sabem. Não saberíamos decidir bem porque não somos muito bem preparados para lidar, por exemplo, com a teoria de probabilidades. Nada mais injusto. Corroboramos com a visão de Yuval Harari de que até os macacos sabem estimar probabilidades muito bem.

Por que a ciência convencional considera que não sabemos julgar, estimar probabilidades e que nem mesmo devemos confiar em nosso instinto para decidir?

Vejamos um pouco mais em detalhes algumas destas injustiças produzidas em ambientes artificiais de laboratório que aparentemente são realizadas com o intuito de ratificar nossa incapacidade de realizar bons julgamentos. Estratagema que, por decorrência, leva inevitavelmente ao recurso da dominação como solução. Vamos tomar como exemplo o caso mais exemplar destes experimentos, conduzido em laboratório de universidades de muitos países europeus e dos EUA. Trata-se do problema da Linda (Kahneman & Tversky, 1996), descrito a seguir. Leia o problema e dê sua reposta a uma das duas alternativas apresentadas abaixo.

> A Linda tem 31 anos de idade, é solteira, muito franca e brilhante. É formada em filosofia. Como estudante ela estava profundamente preocupada com questões de discriminação e justiça social, e também participou de movimentos anti-nucleares. O que é mais provável?
>
> (a) Linda é caixa de banco.
>
> (b) Linda é caixa de banco e é ativista de movimentos feministas.

Se sua resposta for como a da maioria das pessoas, você respondeu a alternativa (b). Talvez você, como a maioria das pessoas que participaram deste experimento, tenha escolhido a alternativa (b) pois ela reúne, em sua descrição, mais características prováveis a respeito de Linda, do que a alternativa (a), que se refere a Linda apenas como caixa de banco. Ocorre que a escolha da alternativa (b) viola os postulados da teoria de probabilidades, porque, com base no conceito de "conjunção", a alternativa (b) é menos provável do que a alternativa (a), e não mais provável como foi solicitado no início do problema. E com base neste e em outros experimentos artificiais, conduzidos em laboratórios de pesquisa ou em salas de aula, os autores Kahneman & Tversky[4] argumentaram enfaticamente que nós, humanos, não somos bons em expressar nossos julgamentos, sobretudo quando dependemos do uso da teoria das probabilidades.

Vários autores reagiram negativamente a este experimento, e o mais enfático foi Gerd Gigerenzer (1996), ávido defensor do oposto, ou seja, defensor da ideia de que nossas melhores escolhas são aquelas que se apoiam em nossa intuição (Gigerenzer, 2012).

Gigerenzer, em oposição às conclusões de Kahneman & Tversky, afirma que as pessoas erram no problema da Linda porque são induzidas ao erro em função do enunciado da alternativa (b), e não porque

---

[4] O israelense Daniel Kahneman foi depois agraciado com o Prêmio Nobel de Economia, no ano de 2002, pelas pesquisas que desenvolveu nos Estados Unidos com Amos Tversky, então já falecido.

sejam ruins ao realizar seus julgamentos ou estimar probabilidades.

Em 2004, na praia de Phuket, Tailândia, uma garotinha inglesa de 10 anos de idade salvou sua família do terrível tsunami que acossou aquela praia, matando muita gente. Como ela conseguiu este feito? Simplesmente lembrando-se das aulas de um de seus professores mais geniais, que, ambicionando trazer para seus alunos exemplos vivos, enfatizou nas aulas as variáveis mais recorrentes no início de um fenômeno como aquele: pássaros voando do mar para o continente, tipo de ventos predominantes, etc. Ela simplesmente falou isto para sua mãe que, confiando nas orientações do professor e da pequena filha, refugiou-se em lugar seguro salvando toda a família.

Ou seja, se não julgamos bem em algumas situações, não acredito que seja porque não viemos "aparelhados" para um bom julgamento, e sim porque talvez tenha nos faltado bons professores. Somos bons em decidir de forma rápida também. No dia 15 de janeiro de 2009 um avião Airbus A320 fez uma amerissagem nas águas do Rio Hudson, em Nova Iorque, salvando todos os passageiros, porque o piloto tomou uma decisão rápida, baseada em uma heurística conhecida como a heurística do olhar fixo. Tive a oportunidade de tratar deste assunto em uma palestra que ministrei em Chicago (em maio de 2018) em importante evento de segurança na aviação, a convite da Flight Safety, que é, no mundo todo, uma das mais respeitadas instituições de segurança aeronáutica.

Mesmo respeitando os tratados sociológicos que tanto inspiraram e inspiram os intelectuais brasileiros, temos que admitir que aquelas teorias, como a do "mestiço *is beautiful*" ou aquela que advoga que o brasileiro típico, mestiço, é indolente e preguiçoso, simplesmente não funcionam para explicar o atraso brasileiro. E, pior do que isso, criaram o terreno fértil para nossa baixa autoestima. E mais, ainda abriram nosso flanco para a dominação imposta por outros países.

O segundo experimento que gostaria de descrever ficou conhecido na literatura de teorias da decisão como o "jogo do ultimato". No jogo do ultimato dois participantes recebem uma quantia em dinheiro, digamos $100, sendo que um deles fará a divisão do valor em duas partes, e o outro é que terá a prerrogativa de decidir "aceitar" ou "não aceitar" a divisão. Caso o participante que tem a prerrogativa de "aceitar/não aceitar" resolva aceitar (e fique claro que os participantes não negociam entre si) a oferta, ambos encerram o jogo recebendo os valores daquela divisão. Mas caso o participante que tem a prerrogativa "aceira/não aceitar" resolva não aceitar a divisão feita por seu interlocutor, ambos saem do jogo sem receber qualquer quantia. Qual a divisão que você, leitor, faria? E qual a divisão o levaria a aceitar, se você estivesse na posição de ter a prerrogativa "aceitar/não aceitar"?

Novamente, se você decidir como a maior parte das pessoas, você provavelmente não faria a divisão em conformidade com aquilo que a economia clássica teria previsto. A economia clássica iria prever que sua divisão seria $99 para você e $1 para seu oponente. E que seu interlocutor iria aceitar a oferta, mesmo se sentindo injustiçado. Isto porque aceitar $1 é mais racional do que ficar com $0. No entanto os resultados deste experimento, realizado em diversos países, em diversas culturas, são bastante claros e contundentes evidenciando que as ofertas injustas (qualquer divisão abaixo de $80/$20) são sistematicamente rejeitadas.

Este experimento também influenciou muito as pesquisas na área de economia e decisões, contribuindo com a nova economia comportamental. Ou seja, evidencia que ao decidirmos não levamos em conta – como alguns por muitos anos nos fizeram acreditar – apenas as questões materiais. Consideramos também a postura ética e o senso de justiça.

Nos anos em que trabalhei como professor e depois como diretor da Faculdade de Administração e Economia da Universidade São Francisco (USF), aprendi muito sobre as características de meus conterrâneos. Desta vez meu aprendizado se deu com jovens na faixa etária entre os vinte e trinta anos.

Não que eu não tenha aprendido muito também com os frades que dirigiam a USF, e seu lema principal, da "educação para a paz". Pelo contrário, aprendi com os dirigentes desta importante universidade confessional sólidos valores cristãos, que viriam a reforçar minhas convicções religiosas iniciadas em minha família na mais tenra idade. E, mais do que isso, vieram a reforçar minha convicção na importância de que, em cada decisão, reflitamos sobre suas consequências éticas.

Ainda que oferecêssemos cursos matutinos, vespertinos e noturnos, a grande maioria de nossos alunos estudava no período noturno. Por uma única e simples razão: precisavam trabalhar durante o dia para custear seus estudos noturnos. Mais e mais exemplos de um povo trabalhador e esforçado iam se acumulando em minhas experiências cotidianas.

Mas a minha maior admiração pelos jovens universitários da USF se iniciou quando ouvi os primeiros relatos de alguns de nossos alunos mais carentes. Eles me diziam: "professor eu chego em casa e meus pais me perguntam por que estou gastando meu tempo, minhas energias e nosso dinheiro, para conquistar um diploma que depois não servirá para nada!"

Tenho hoje, em meu coração, a firme convicção de que terem se esforçado para cursar a USF e conquistar seus diplomas foi o melhor que estes jovens puderam fazer por eles mesmos, e, quiçá, por seus pais que antes os criticavam. Sabemos que hoje um jovem não conquista mais nenhum emprego formal se não tiver um curso superior completo. É fato que talvez não estejam sendo remunerados à altura de suas capacidades. Mas pior seria se não tivessem perseverado em seus estudos.

Neste âmbito, da educação, certamente residem os maiores problemas brasileiros, assim como o maior leque de opções de reversão da atual situação de injustiça e baixa competitividade das empresas brasileiras. Não estou me referindo à educação básica, fundamental e ensino médio. Estou me referindo, isto sim, ao ensino superior. No ensino básico o Brasil tem conseguindo bons resultados, atingindo patamares de inclusão – infelizmente o mesmo não pode ainda ser dito no quesito avaliação – em níveis bastante significativos, mesmo para os padrões internacionais. Mas os problemas maiores sempre residiram no ensino superior, como continua acontecendo. Os problemas da educação (de todos os níveis) no Brasil são sempre tratados pelos especialistas a partir de uma mesma lente, e dois focos: salários dos professores, por um lado, e baixo nível de interesse dos alunos, por outro. Me parece que a lente e os focos deveriam ser outros.

A lente principal deveria ser a formação dos professores do ensino superior, o que nos remete aos cursos de pós-graduação. Infelizmente um grande número de famílias brasileiras ainda não acredita, com muita convicção, nos benefícios que uma educação superior de qualidade pode oferecer aos seus filhos. A raiz deste problema pode ser confirmada por um ditado popular muito comum em nosso país: "a teoria na prática é outra."

Pois bem, como encorajar um jovem a realizar estudos de pós-graduação, para se tornar professor do ensino superior, se na base de sua formação familiar este jovem talvez já tenha se deparado com aquele perverso ditado? Mas ainda assim os mais persistentes acabam insistindo na carreira, até que se deparam com professores desmotivados ou que também não encontram na carreira docente sua real vocação. Aí vem o desastre inevitável. Estudar não serve para nada, principalmente porque os próprios professores não se interessam, nem por ensinar, nem por estudar. Se os professores só repetirem conteúdos de livros, que os jovens poderiam decifrar ao lerem eles mesmos tais livros, fica selado o pacto da mediocridade em que os professores não fazem pesquisa, "ensinam" aquilo que os alunos encontrariam sozinhos nos livros, e o país não inova.

Não nos esqueçamos de que este jovem – que muitas vezes só pode cursar o ensino superior privado – não é o mesmo que, oriundo de classes mais abastadas economicamente, faz o ensino fundamental e médio em escolas particulares e depois o ensino superior em universidades públicas. Não, o jovem que protagonizou nosso hipotético desastre é o jovem da classe média ou da "ralé", que completou todo seu ensino básico em escolas públicas, e depois teve que custear seu ensino superior em universidades privadas. Pois bem, e nas universidades privadas, nas quais nosso jovem protagonista estuda, o que encontramos? Encontramos muitos empresários inescrupulosos que, apoiados em um princípio constitucional (artigo 207 da Constituição Federal do Brasil) de uma tal indissociabilidade entre ensino, pesquisa e extensão, propagam a ideia de que quem ensina não tem que fazer pesquisa e quem pesquisa não tem que ensinar.

Esta indissociabilidade, coerentemente "falseada", revela talvez o mais inescrupuloso método de ganhar dinheiro no ensino superior brasileiro, cansando nossos alunos, e prejudicando o avanço da pesquisa científica no Brasil. É óbvio que qualquer professor, para ser um bom professor, precisa sempre se manter envolvido com a pesquisa, e só pensa o contrário quem não quer gastar dinheiro com a pesquisa. O professor que não se envolve com a pesquisa se torna superficial, mero repetidor de conteúdos de livros, e que, em contato com as mentes oxigenadas de nossos jovens estudantes, acaba não encontrando, no contato com eles, nenhuma ressonância. Sem falar que este professor, cansado de repetir conteúdos de livros com os quais ele muitas vezes nem se identifica, acaba cansado e desmotivado, agravando ainda mais o quadro.

O Brasil precisa ainda enfrentar melhor a questão dos conteúdos curriculares e dos critérios de fomento às pesquisas nacionais. Precisamos definir melhor os conteúdos principais com os quais o país se comprometerá mais seriamente, com apoio e fomento. Se uma nação elege setores da atividade econômica como setores estratégicos para seu desenvolvimento, não vejo por que não se poder dar ênfase a estes setores, nos conteúdos que serão ministrados nas salas de aula de todos os níveis do ensino.

Explico melhor. Se o setor aeronáutico é um dos setores estratégicos brasileiros, não vejo por que não priorizar nos conteúdos programáticos, desde os conteúdos da disciplina de História, com exemplos de pioneiros brasileiros como Santos-Dumont, passando por Geografia, evidenciando os países que mais investem em aeronáutica, até a Física, com os conteúdos relativos à aerodinâmica e mecânica.

Como consultor pude constatar a verdadeira miríade de brasileiros, meus conterrâneos, que, destemidos, com pertinácia e espírito empreendedor, munidos de suas economias de uma vida, resolvem arriscar-se como empresários! Onde está a indolência? Onde está a preguiça? E a teoria da tropicologia?

Sim, eles mesmos, crioulos, cafusos, caboclos, mamelucos que, com suas esposas, seus filhos e irmãos, primos e assemelhados, arriscam-se (e continuam se arriscando) em uma jornada rumo ao desconhecido. Rumo à incerteza. Rumo ao arriscado.

Muito semelhante com o que faziam aqueles que para cá vieram em suas primitivas embarcações. O que falta é apoio científico e tecnológico que o Estado brasileiro deveria oferecer. E não oferece porque está carente de um planejamento estratégico coerente, que aponte as melhores direções.

Quando iniciei meus estudos de doutorado em Administração tive a alegria de conhecer uma professora chamada Nadia Wacila Hanania Vianna, uma grande mestre, a quem devo muito do que depois conquistei como professor e pesquisador. Ela foi minha orientadora nos estudos de doutorado, mas, muito mais do que isso. Ela, muito antes do que eu, já havia despertado para a curiosidade investigativa para com as questões que envolvem nossa subjetividade. Para as questões que envolvem nossa capacidade de realizar bons julgamentos.

Inicialmente a professora Nadia se interessou pela maneira como um júri de especialistas decide, porque nas organizações é muito comum que as decisões sejam tomadas em grupo, nem sempre as decisões são tomadas por apenas alguns indivíduos isoladamente. Depois ela se interessou pela maneira como utilizamos nossa subjetividade ao realizarmos previsões. Em ambos os casos o que está em evidência é a nossa capacidade de realizarmos bons ou maus julgamentos. E ela, mesmo sendo professora de matemática e estatística, sabia da importância de buscar o desejável equilíbrio entre a objetividade e a subjetividade.

De maneira que ao escolher a professora Nadia como orientadora, eu recebi a melhor orientação que um estudante de doutorado da USP poderia sonhar um dia receber. Para estudar caminhos que nos levassem ao equilíbrio entre o qualitativo (*esprit de finesse*) e o quantitativo (*esprit de géométrie*). Professora Nadia, diga-se de passagem, já citava Daniel Kahneman e Amos Tversky bem antes do primeiro ser agraciado com o Prêmio Nobel de Economia, em 2012.

Assim, desenvolvi, sob a orientação da estimada professora, um método de conjugação de critérios de decisão, que depois foi aplicado ao setor aeroviário comercial brasileiro, com resultados bastante significativos. Quando digo resultados bastante significativos, estou procurando afirmar que seria plenamente possível, para alguém que estivesse estudando a situação do setor aeroviário brasileiro, verificar que todas as empresas se encontravam em sérias dificuldades. O método, classificado em minha tese como híbrido, porque conjugava os dois tipos de critérios, objetivos e subjetivos, seria capaz de auxiliar as pessoas que decidiam no setor aeronáutico. Ocorre que existe um efeito, bastante recorrente na literatura de decisões, conhecido como teoria dos agentes, ou conflito de agência (Jenson & Meckling, 1976).

Como sabemos as organizações, principalmente aquelas de maior porte, são dirigidas por pessoas (gerentes, ou agentes) que normalmente não são seus proprietários (principais ou acionistas).

Na teoria dos agentes, ou conflito de agência, os tomadores de decisão muitas vezes não decidem com base naquilo que seria o mais desejável para suas organizações, mas sim com base naquilo que seria mais desejável para eles mesmos. Algo muito parecido com o que constatamos hoje na enorme desigualdade entre ricos e pobres. Sabemos que as escolhas da elite econômica, atrelada aos mesquinhos interesses de alguns "representantes" do poder público, nem sempre são as que interessam a maioria da população brasileira.

> *Mais um interlúdio com foco na história da ciência e a separação entre a fé e a razão*
> Sempre tive muito interesse e curiosidade de investigar a dita "incompatibilidade" entre a fé e a ciência. Não me refiro apenas à fé religiosa, mas, além desta, que não considero menos importante, interessa-me ainda aquela fé que utilizamos ao realizar nossos julgamentos, e que está associada à nossa noção do que é melhor, do que está certo e do que está errado. Esta fé pode ser definida como o grau de crença em algo. Este tipo de fé, repito, não está relacionada apenas às nossas crenças religiosas, mas sim a todo nosso repositório de experiências. É o que os estatísticos chamam de probabilidade subjetiva. Stevenson define a probabilidade subjetiva como o grau de crença de um ou mais indivíduos[5]. E, é claro, está relacionada também àquilo que Santo Agostinho (354-430) chamou de livre-arbítrio, um verdadeiro presente que a nós é ofertado assim que nascemos. Ainda que eu tenha iniciado esta argumentação citando um cristão, vamos realizar um grande salto cronológico regressivo, revendo as ideias de alguns dos filósofos que viveram antes de Jesus Cristo. Para então lançarmos as bases de uma discussão mais aprofundada sobre algumas das prováveis causas deste distanciamento entre a fé e a razão. Philip Stokes, no início de seu texto sobre os cem

---

[5] Em meu livro "Tomada de Decisões em Pequenas Empresas", desenvolvo com maior profundidade o conceito de probabilidade e seus diferentes tipos, a saber, probabilidades objetivas e subjetivas.

maiores filósofos da humanidade, afirma não ser possível sabermos o que fazer com as descobertas científicas sem que se reflita sobre o tipo de sociedade que se almeja. Algo que estamos buscando com o presente livro. Vamos começar com as ideias de Platão, filósofo que viveu entre 427 e 347 aC, e que depois iria gozar de grande aceitação junto à teologia cristã. Ele considerava que a experiência devia ser encarada com restrições. Segundo Platão deveríamos extrair nossas conclusões apenas com base em leis gerais e universais, não com base em nossas experiências pessoais. Por exemplo, uma vez que todos os humanos morrem, eu, que sou humano, deduzo que morrerei também. Desta forma Platão passou a ser depois conhecido como o pai do método dedutivo. Já Aristóteles (384-322 aC) valorizava mais o conhecimento empírico, adquirido com a experiência. De forma que Aristóteles, cujo método de pesquisa seria depois classificado como indutivo, valorizava mais a ideia de que poderíamos chegar a conclusões mais amplas a partir de exemplos particulares. Algo como realizar inferências sobre o todo, a partir de algumas amostras coletadas. A maior simpatia que depois a teologia cristã viria a devotar às ideias de Platão, talvez decorresse do menor "distanciamento" que o método dedutivo apresentava, se comparado com o método indutivo, uma vez que no primeiro as leis gerais do universo – e, por que não dizer a supremacia de Deus sobre todas as coisas – ficava mais evidente. Já Aristóteles, que além de filósofo era também um cientista e astrônomo, influenciado que foi pelas ideias de Pitágoras (570-480 aC), acreditava que a verdade estava nos números. Sendo mais específico, Aristóteles defendia a tese de que as investigações científicas deveriam ser baseadas em critérios objetivos que definissem quantidade, qualidade, substância e relações de causa e efeito. Como não estamos tratando exatamente de filosofia neste livro, permito-me realizar novamente um grande salto na cronologia destes argumentos, indo para o século XIII e destacando São Thomás de Aquino (1225-1274), que foi o responsável pela conciliação de Aristóteles com a perspectiva cristã. Digo isto porque há algumas evidências de que São Thomás estivesse intuindo sobre a necessidade de preparar a igreja cristã para o enfrentamento da revolução científica que se anunciava. São Thomás cunhou a célebre expressão *"se a mão não move o bastão, o bastão não irá mover nada mais"*. Nesta célebre expressão, em que Thomás de Aquino procurava "provar" a existência de Deus, encontra-se a base conceitual daquilo que depois ficou conhecido na ciência atual como "sistema perpétuo de sucessão ou regressão". Mas tudo indica que esta conciliação ocorrida no século XIII seja a base a partir da qual a ciência foi se distanciando mais e mais da fé, chegando aos dias de hoje, em que nos meios científicos falar em fé transformou-se num verdadeiro tabu. Para não dizer num pecado. Hoje defendemos que a ciência não deveria se afastar da fé, nem mesmo da fé religiosa. Influenciamo-nos pelas ideias de outro filósofo que sucedeu Thomás de Aquino, o franciscano William of Ockam (1285-1347), que advogava a favor das teorias mais simples, quando confrontadas com as mais complexas. Ockam sustentava a possibilidade de que o livre arbítrio e a responsabilidade moral convergissem nas decisões humanas. Entendemos que os métodos híbridos, que conjugam a probabilidade subjetiva ou grau de fé (livre arbítrio) e a razão científica (responsabilidade moral), devem ser interpretados como métodos que, além de conjugarem o quantitativo e o qualitativo, são simples em sua essência. Para aceitar esta ideia, basta que nos desvencilhemos de nossas amarras e escudos de interesses, muitas vezes espúrios, e aceitemos, como propõe a Irmã Miriam Joseph (2002) – e, diga-se, como na Idade Média já se aceitava – que o *trivium* inclui aspectos das artes liberais pertinentes à mente, e o *quadrivium* aqueles aspectos das artes liberais pertinentes à matéria. Há, a meu ver, um certo antagonismo na forma como hoje se faz ciência privilegiando-se, nos critérios de decisão, apenas seus atributos quantitativos, matemáticos. Quando relatamos os resultados de nossas pesquisas, fazemo-lo recorrendo ao uso da gramática e da retórica. Isto se dá, por exemplo, quando utilizamos silogismos, notadamente os disjuntivos *"ponendo tollens"* e *"tollendo ponens"*. É evidente que se isto for feito ao largo de critérios de julgamento ético e das consequências morais, pode levar a que se incorra em erros de sérias consequências. Dediquei vários anos de minha vida profissional procurando advertir os cadetes da Academia da Força Aérea sobre estes riscos, sobretudo no processo decisório. Apresentava a eles exemplos de afirmativas simples como "Eu sou mentiroso. Você deve acreditar?" Ou silogismos disjuntivos com ou sem ambiguidade resolvida, como quando se afirma (Joseph, 2002): "João é um coelho ou não é um coelho". Em processos decisórios na área pública os agentes são obrigados a sopesar, em uma mesma decisão, múltiplos

> atributos. Assim, as decisões muitas vezes envolvem não apenas dilemas, com duas alternativas. Mas envolve ainda trilemas (três alternativas) ou até mesmo polilemas (quatro ou mais alternativas). Outros exemplos clássicos, que ilustram bem os dilemas são o "Dilema de Pascal", o "Dilema do Prisioneiro" e o "Paradoxo do Gato de Schrödinger".

Vamos iniciar a parte II do livro, com propostas de organização do setor econômico brasileiro em dois pilares: a microeconomia dos setores produtivos estratégicos para o Brasil (clusters) e a nova visão da responsabilidade social das empresas, os valores compartilhados. A partir dos próximos capítulos, passarei a apresentar uma série de ferramentas que acredito serem úteis, não apenas para tentar reduzir o atraso brasileiro, mas também por serem indispensáveis para que se pense em uma nova estratégia para o Brasil. Começando com uma visão coerente sobre planejamento estratégico.

PARTE II: NOVA ESTRATÉGIA PARA O BRASIL

Capítulo 3. Planejamento estratégico

A segunda parte deste livro tem o objetivo de apresentar as bases de uma nova estratégia para o Brasil, e seus principais projetos. Naturalmente isso será feito por intermédio de uma série de ferramentas técnicas, começando com o planejamento estratégico.

O planejamento estratégico é um tipo de planejamento de longo prazo. Planejamento, como sabemos, é um esforço de visão voltada do presente para o futuro, e que também não desconsidera o passado. Se no início deste ano eu focar minha visão em dezembro, estarei fazendo planejamento, mas de curto prazo. O tipo de planejamento que leva o sobrenome de estratégico é aquele que procura alargar a visão em um horizonte de espectro mais amplo. Digamos cinco anos adiante.

Ainda que seja um esforço complexo, dado aos riscos inerentes a qualquer tentativa de se antecipar o futuro, mesmo assim é um exercício bastante válido, por nos manter alertas sobre os resultados mais duradouros daquilo que estamos procurando realizar. O ganhador do prêmio Nobel de física de 1993, Erwin Schrödinger expressou esta ideia em uma frase lapidar: "Se – no longo prazo – você não puder explicar o que tem feito, seu trabalho carecerá de valor".

Vou recorrer novamente ao artigo científico que publiquei em coautoria com o Prof. Martinho Isnard Ribeiro de Almeida na Revista da Universidade da Força Aérea em 2009, para sedimentar as principais correntes teóricas existentes na área de planejamento estratégico.

O exercício de planejar estrategicamente foi apresentado por Igor Ansoff em 1965 quando da publicação do livro *Corporate Strategy*. Iniciava-se uma nova fase na gestão das organizações, que deixavam de ser vistas como sistemas fechados, e passavam a ser vistas como organismos vivos e de dinâmica interação com o meio ambiente. E isto, é claro, passou a exigir dos dirigentes de empresas uma maior preocupação com o futuro, mais exatamente o futuro de longo prazo.

Como decorrência das idéias fundadoras de Ansoff, pesquisadores da Universidade de Stanford, liderados por Albert Humphrey, adaptaram, na década de setenta, um modelo de análise para o planejamento estratégico conhecido como SWOT (*strengthness, weaknesses, opportunities and threats*, ou, no português, forças, fraquezas, oportunidades e ameaças) através do qual a organização, a partir de minuciosa análise que faz dos ambientes externo e interno, define suas possibilidades de orientações estratégicas. Uma vez caracterizadas as ameaças, as oportunidades, os pontos fortes e os pontos fracos, é proposto um esquema de definição da orientação estratégica genérica.

Em 1969, George Steiner lança seu livro *Top Management Planning* que inaugura a fase considerada como a escola de planejamento. A escola de planejamento caracterizava-se pelas proposições basicamente analíticas de que dispunha para o exercício de planejamento estratégico, ou seja, os planejadores deveriam ser indivíduos racionais e analíticos que – assessorando a cúpula das organizações, ou delas participando diretamente – deveriam praticar o mais tradicional método científico:

quanto mais distantes do objeto de estudo, tanto melhor.

No início da década de oitenta, Derek Abell apresentou seu modelo de "definição de negócio", como base para todo o planejamento estratégico de uma organização, uma vez que seria na etapa de definição do negócio que se teria uma proposição sobre a abrangência e o escopo da missão da organização. O modelo de Abell foi a base conceitual sobre a qual se desenvolveram diversos métodos de análise de posicionamento de indústrias, sendo que os mais notáveis foram elaborados por empresas de consultoria como o *Boston Consulting Group,* a McKinsey e a Arthur D. Little. Destes, os mais notáveis e de maior aplicação foram o da Arthur D. Little, que ficou conhecido como ciclo de vida de produtos, e o do Boston Consulting Group, que ficou conhecido como análise de portfólio de produtos BCG. Já o modelo da McKinsey foi bastante utilizado na General Electric, e, a partir da mesma abordagem de posicionamento da situação da empresa através de matrizes, utiliza-se das variáveis "atratividade de mercado" e "posição no negócio", identificando, assim, as áreas atrativas para o foco dos esforços estratégicos.

Ainda na década de oitenta, surge algo novo em termos de planejamento estratégico, quando um jovem professor de Harvard, Michael E. Porter publica seu hoje célebre *Competitive Strategy*. Porter lança as bases para a fase de planejamento estratégico-processo-permanente, que busca, sobretudo, o encontro da organização com a competitividade em seu ramo de atuação, através de um modelo de *industry analysis*, com forte inspiração nos conceitos de microeconomia. Notáveis também, em suas

argumentações são as variáveis que definem a chamada teoria das cinco forças competitivas, quais sejam:
• poder de barganha de clientes;
• poder de negociação dos fornecedores;
• caráter da rivalidade entre os concorrentes;
• barreiras de entrada de novos competidores e
• ameaça de serviços ou produtos substitutos.

O planejamento empresarial – que tradicionalmente buscava nas variáveis macroeconômicas suas melhores opções de caminhos estratégicos – hoje tem se voltado mais e mais para as influências da microeconomia. Ou seja, é na dinâmica própria de um setor produtivo: seus preços, suas quantidades ofertadas e os custos de insumos, que se tem encontrado as melhores opções estratégicas para as organizações envolvidas num determinado setor. A economia dos custos de transação, o comprometimento dos administradores e a visão das organizações a partir de seus recursos são os pilares desta nova dinâmica. Em uma palavra: o comportamento de cada organização irá determinar o resultado do conjunto de organizações envolvidas no setor como um todo. Vejamos as forças atuantes com o auxílio de uma imagem desenvolvida por Porter.

Diagrama 1: Cinco forças competitivas de Michael E. Porter

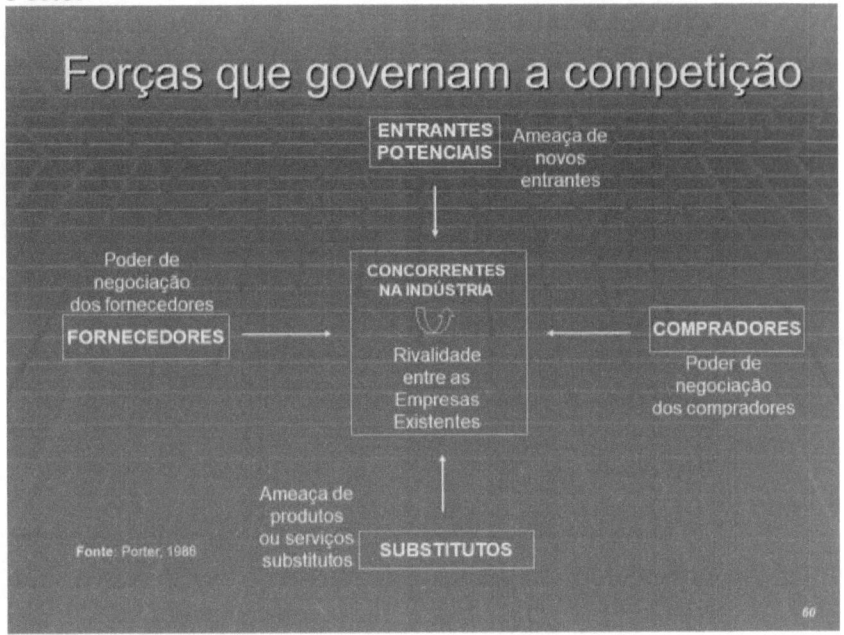

Aqui encontramos um aspecto basilar na ordem de argumentações deste livro, a de que o Estado não deve escolher os campeões da indústria como vieram fazendo sucessivamente os governos do Partido dos Trabalhadores (PT). Ao escolher empresas e não setores produtivos como foco de desenvolvimento econômico, o governo enfraquece a economia. Deve escolher, sim, os setores de interesse estratégico para a nação.

Como veremos nos capítulos seguintes, duas ferramentas desenvolvidas por Porter, como os clusters (conglomerados) empresariais, e os valores compartilhados, serão possíveis armas para o Brasil enfrentar as suas terríveis e persistentes desigualdades.

Cada de um de nós, brasileiros, deve ter em mente, de maneira clara, que os grandes vilões existentes hoje no Brasil são (i) a desigualdade de oportunidades; e (ii) a degradação ambiental. Para enfrentarmos o primeiro vilão iremos discutir um possível remédio: os clusters empresariais, através de arranjos produtivos locais (APLs), inserção de nossas empresas em cadeias de produção globais e nova visão sobre as leis trabalhistas. Para enfrentarmos o segundo vilão iremos discutir outro possível remédio: os valores compartilhados (shared values) entre nossas empresas, as organizações não-governamentais e o Estado nacional, todos irmanados no ataque àquilo que em microeconomia chamamos de externalidades negativas.

Outra corrente teórica é a do planejamento estratégico baseado em metas. Foi desenvolvido tomando-se por base as recomendações de Peter Drucker, que, em 1954, apresentou sua Administração por objetivos (APO). Uma adaptação foi apresentada por Robert Kaplan e David Norton, que sugerem a elaboração de um plano de metas em três grandes áreas, a saber: perspectiva financeira; perspectiva dos clientes; e perspectiva dos processos internos.

Henry Mintzberg declara em 1994 o "dilema do planejamento", que em suas próprias palavras seria: "O dilema do planejamento pode ser resolvido pela combinação destes dois modelos de pensamento, um largamente representado pelo gestor (intuição, julgamento) e outra, pelo planejador (racional, analítico).

Vê-se que o exercício de planejar estrategicamente apresenta um número significativo de opções de estratégias, imenso leque de variáveis a serem estudadas, e críticas pelo distanciamento ainda existente entre o uso do ferramental analítico, por um lado, e o subjetivo, do outro.

Drucker apresenta visão contundente acerca destes questionamentos, argumentando tratar-se de uma evolução natural do conhecimento, que se desloca do eixo analítico-racional representado por Renè Descartes no século XVII, para o eixo da percepção iniciado pela Escola Gestalt na década de 1890.

Este livro irá apoiar toda sua base de argumentações sobre o autor Michael E. Porter, com sua Teoria do Diamante e sua Teoria dos Valores Compartilhados, que serão objetos dos próximos capítulos.

Capítulo 4. Teoria do Diamante

Em 1998 Michael E. Porter, que então já havia oferecido valiosas contribuições à formulação das estratégias das corporações privadas com fins lucrativos, passa a lançar um olhar aos tipos de estratégias que poderiam auxiliar os Estados nacionais. Em seu livro "A vantagem competitiva das nações", Porter apresenta sua Teoria do Diamante, ilustrada no diagrama a seguir.

Diagrama 2: Teoria do Diamante de Michael E. Porter

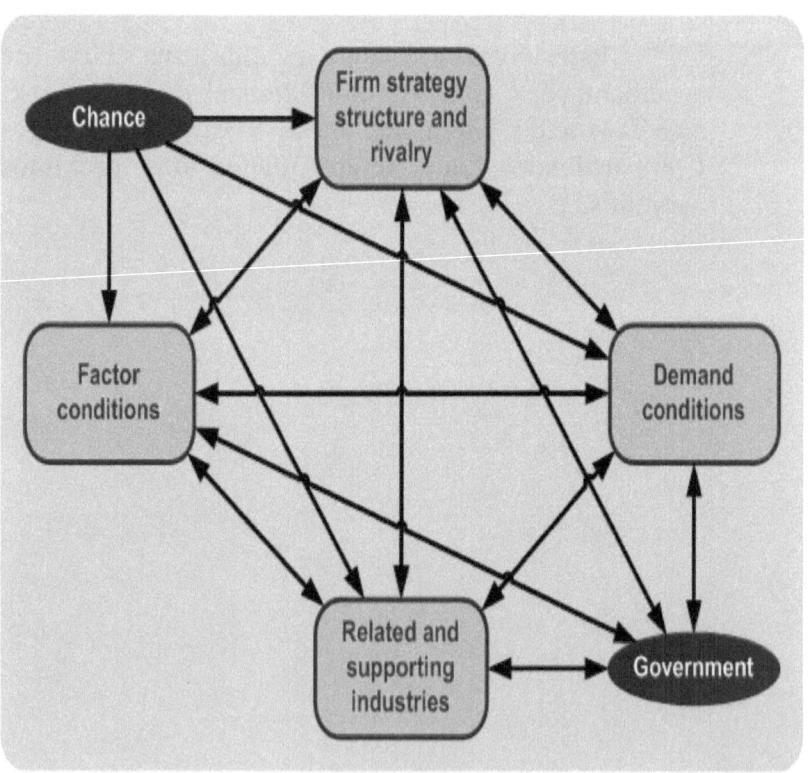

Conforme se observa na figura acima, são, segundo Porter, quatro fatores que determinam a competitividade de um país. Todos sofrendo a inexorável influência do acaso (*Chance*), como imprevistos, catástrofes naturais e crises. Tanto crises institucionais, quanto crises decorrentes de fanatismo ou extremismo religioso ou étnico. E todos sendo influenciados e influenciando as ações de governo (*Government*).

É claro que a complexidade da teoria é latente, uma vez que com tantos vetores atuando de forma multidirecional, a análise das relações de causa e efeito entre os fatores e o governo já seriam, por si só, bastante complicadas. Bastante complicadas para serem gerenciadas. Mas, como veremos mais adiante, a teoria da formação dos conglomerados empresariais (*Clusters*) em setores eleitos pelo governo como prioritários, pode ser uma saída bastante promissora. Isto nós veremos mais adiante, juntamente com outro subproduto da nova economia social e baseada mais em microeconomia do que em macroeconomia, a chamada teoria dos valores compartilhados.

Mas, para tornar mais espessa a dificuldade, surgem ainda os ideólogos de plantão, que criticarão o modelo por verem o governo "apartado" do funcionamento dos quatro fatores. Vendo o governo como coadjuvante, os ideólogos de plantão irão argumentar que assim ficaria prejudicado o esforço de realização do estado de bem-estar social, tão necessário para dar a esmola necessária ao nosso sofrido povo, incompetente, e incapaz na hora de realizar seus próprios julgamentos. Sem admitirem que aquilo que nosso povo mais precisa é de boas oportunidades de educação e depois trabalho digno, bem remunerado. Promessa que só pode ser concretizada em um regime capitalista, regido pelas mais firmes prerrogativas de um estado democrático de direito.

De forma que, para advogarmos na direção favorável à adoção deste modelo, assim como a favor das teorias de conglomerados e valores compartilhados que virão em seguida, precisamos entender o funcionamento da Teoria do Diamante através de um exemplo prático, tomando o Brasil – e algumas de suas empresas mais importantes industrias – como estudo de caso.

O Diamante visa avaliar o grau de competitividade de uma nação. Para isto deve ser compreendido em uma leitura de cima para baixo e depois para os lados. Assim, inicialmente considera-se o fator que diz respeito às empresas líderes da nação, suas estratégias, estruturas e a rivalidade a que estas empresas estão expostas (*Firm strategy, structure and rivalry*). De forma que, no caso brasileiro, se tomarmos como exemplo a Embraer e a Petrobras, veremos como a teoria é eficaz. Constataremos sua aplicabilidade prática.

Estratégia da firma, estrutura e rivalidade

Qual é a estratégia da Embraer? Qual é a estratégia da Petrobras? Entenda, caro leitor, que as respostas a estas perguntas, que se seguirão, são meramente ilustrativas para o exemplo. A estratégia da Embraer, a meu ver, é a de ser uma empresa integradora, com forte competência no *design* de aeronaves. Já a estratégia da Petrobras é a de ser uma empresa de atuação no largo espectro das tecnologias de energia, que vão da energia fóssil até a energia renovável, com forte competência na exploração de petróleo em águas profundas. Ambas apresentando estratégias bastante competitivas e promissoras no mundo atual.

E o que dizer sobre a estrutura destas empresas? Quando Porter coloca este questionamento em seu Diamante, o faz para enfatizar a estrutura de capital e comando das empresas. A Embraer é hoje uma empresa privada, com importante participação do Estado em seus interesses, especificamente na área de defesa. Já a Petrobras é uma empresa estatal.

E com relação à rivalidade enfrentada por estas empresas líderes nacionais? Ambas estão expostas a uma ferrenha rivalidade, com diferenças relativas a favor da Embraer, uma vez que a Petrobras ainda dispõe de algumas cláusulas de exclusividade.

Mas no que concerne ao primeiro fator do Diamante, parece ficar clara a competitividade do Brasil, no que respeita sua relação com estas duas empresas. O que merece aprofundamento substancial é o fato de que uma dessas empresas é privada e a outra é estatal. As consequências disto devem ser investigadas no que concerne à eficiência e agilidade de decisões.

O mesmo precisando ser feito agora com relação a todos os setores considerados estratégicos para o futuro desenvolvimento do Brasil, como o agronegócio, a biotecnologia, as telecomunicações, a química fina e a cultura. Ainda que não venhamos a esgotar estas questões na presente obra, especial destaque daremos às decisões que o Brasil tomou em relação às telecomunicações, particularmente no que diz respeito às soluções engendradas para o lançamento de nosso satélite geoestacionário de comunicações estratégicas e defesa.

Passemos então às considerações relativas à competitividade do Brasil no segundo fator, no extremo vertical inferior do Diamante, das empresas correlatas e de suporte (*Relating and supporting industries*).

Empresas correlatas e de suporte

Inicialmente é necessário que se compreenda que o papel estratégico relevante que as empresas líderes têm para o país, em nosso exemplo a Embraer e a Petrobras, só será consolidado se existirem empresas correlatas e de suporte, como a miríade de médias e pequenas empresas orbitando a cadeia produtiva de uma Petrobras ou de uma Embraer.

O que se verifica no Brasil de hoje? Infelizmente verificamos as pequenas e médias empresas – com raras exceções – abandonadas à própria sorte, sem estímulos oriundos nem dos governos, nem das próprias empresas líderes. Basta que se cite a inexistência, no Brasil, de uma lei similar à existente nos Estados Unidos, que lá recebeu o nome de *Small Business Act*.

Devemos entender que se não houver um esforço coordenado pelo governo federal, com uma lei e diretrizes específicas para os estados e municípios, tal empreitada, de estímulo e apoio às empresas correlatas e de suporte, ficam dispersas e acabam se enfraquecendo. Da mesma maneira fica prejudicada a ambição de se formarem os conglomerados (*clusters*) de empresas que darão apoio e suporte às empresas líderes.

Passemos agora a discussão do terceiro fator do Diamante, aquele que trata das condições de demanda (*Demand conditions*).

Condições de demanda

As condições de demanda devem residir no próprio território nacional, sem desprezo pelos mercados exportadores de nossos produtos. Porter defende que tão importante quanto exportar e enfrentar a rivalidade no exterior, é que as empresas líderes, nos setores selecionados, apoiadas pelas empresas correlatas, encontrem na população doméstica os níveis de demanda satisfatórios.

Muito bem, o que dizer sobre as condições de demanda em um país de pessoas que não viajam de avião, por não disporem de recursos para tanto, ou nem mesmo compram um automóvel (que depois levaria à demanda por combustíveis da Petrobras), simplesmente por estarem desempregadas?

Aqui começa a ficar clara a contraposição entre as políticas macroeconômicas, que tanto já nos exauriram e não nos levaram a lugar nenhum, e as políticas microeconômicas, bastante promissoras à luz desta teoria do Diamante. Por que? Porque a ênfase do governo não deveria ser dada ao câmbio, como estamos errantemente fazendo há anos no Brasil. A ênfase deve ser dada às condições microeconômicas dos setores de interesse, pois as empresas deverão depois buscar competitividade em mercados externos não em função das políticas macroeconômicas de câmbio desvalorizado, mas sim em função de sua competitividade: por serem capazes de vender melhores produtos pelos menores preços!

Mas como esperar demanda forte em um país de pessoas subnutridas, com educação formal insuficiente, com indicadores fracos em áreas como a saúde, o saneamento e a habitação? E o transporte público? E a segurança? O mais indignante é o Brasil entrar no século XXI sem ter equacionado sua agenda social.

Esperamos que a presente obra, que nunca teve a pretensão de ser a "lanterna dos afogados" no Brasil, ao menos seja capaz de lançar algumas luzes aos náufragos desta escuridão do mar revolto a que estamos sujeitos.

Mas antes de passarmos aos alicerces de tal empreitada, discutamos o último dos quatro fatores de Porter, as condições dos fatores (*Factor conditions*).

Condições dos fatores

Aqui chegamos ao ponto mais sensível da teoria do Diamante. As condições dos fatores são o que os economistas chamam de recursos da firma.

Os recursos da firma são os recursos humanos, materiais, naturais e tecnológicos. Porter faz em sua teoria uma divisão dos recursos entre fatores básicos e fatores adiantados.

Fatores básicos

Os fatores básicos são os recursos humanos e recursos naturais (físicos). Vamos tratar inicialmente a questão dos recursos humanos. Somos uma população de aproximadamente (2019) 209,3 milhões de habitantes, muitos ainda privados de acesso ao ensino superior. Outros mais ainda privados de acesso a sistemas de saúde, saneamento básico e habitação. Todo este imenso contingente de pessoas se aglomerando mais e mais em áreas urbanas em que campeia a violência e a falta de segurança.

Ainda não estamos enfrentando os mesmos problemas populacionais que alguns países europeus, mas já se avizinha por estas terras o gradual afunilamento da janela de oportunidades demográficas. O que faz com que seja ainda mais urgente a solução de nossos problemas.

Mas quando nos referimos aos recursos naturais exibimos toda a nossa pujança. Pujança manifesta em riqueza de terras e extensão geográfica que apresenta, em um mesmo território, nada mais que nove tipos de ecossistemas, como o da floresta amazônica, a zona dos cocais, caatinga, cerrados, o pantanal, a mata atlântica, a vegetação litorânea (manguezais e restingas), os pampas e as matas de araucárias. Quando falamos em disponibilidade de água, estamos falando de uma nação que possui dois dos maiores aquíferos do mundo (Guarani e Alter do Chão) de um total de cinco aquíferos (Cabeças, Urucuia-Areado e Furnas). Quando voltamos nosso olhar para o litoral temos muito ainda para nos orgulhar e proteger, seja em função da grande extensão da zona econômica exclusiva, de 200 milhas náuticas, seja em nossas responsabilidades com o Atlântico Sul e a Antártica.

Nossas condições climáticas são aquelas típicas de um país tropical, bem temperado. Sendo desnecessárias maiores considerações sobre as vantagens daí advindas.

De forma que estamos lidando de forma desigual e, assim estando vulneráveis nos recursos humanos, e pujantes nos recursos físicos, naturais. Esta gestão errática tem se mostrado incapaz principalmente com a questão da energia. O que se constata é que para ambos parece não existir ainda, nos planejamentos estratégicos que já se fez para o Brasil, uma coordenação efetiva entre os interesses sociais, econômicos e das empresas privadas.

Fatores adiantados

O autor da teoria do Diamante agrupa nos fatores adiantados recursos de conhecimentos, de capital e de infraestrutura.

Entre os recursos de conhecimentos destacam-se as universidades, onde ainda enfrentamos sérios problemas de acesso e financiamento, e os institutos de pesquisas, que ainda carecem de maior aproximação com as empresas. Basta que se constate que a maior parte de nossos doutores se encontram nas universidades e não nas empresas, como o grande contingente de doutores norte-americanos trabalhando nas empresas. Porter destaca ainda, entre os recursos de conhecimentos, as associações industriais e comerciais.

Entre os recursos de capital consideram-se as dívidas, os índices de poupança e as fontes de financiamento para as empresas. O Brasil não é mais um dos principais devedores do Fundo Monetário Internacional (FMI), e dispõe de um importante agente financeiro para o seu desenvolvimento, o Banco Nacional de Desenvolvimento Econômico e Social. O que parece ainda não existir é uma efetiva coordenação entre as políticas públicas e a estratégia de priorização dos setores que devem fazer parte do plano estratégico nacional. Para, assim, ficarem mais coerentes as ações do BNDES.

E complementando os fatores adiantados, o autor enfatiza serem relevantes as considerações sobre os transportes e comunicações, a assistência médica e as instituições culturais. Neste quesito temos um híbrido de vantagens e desvantagens.

Nos transportes continuamos observando políticas públicas erráticas, principalmente aquelas que afetam os grandes centros urbanos do país e suas ligações com os portos e demais polos de escoamento de sua produção. Grandes obras são sistematicamente abandonadas, com grande desperdício de escassos recursos públicos. Não se logrou atingir um modal equilibrado entre rodovias, ferrovias (praticamente inexistentes), hidrovias e transporte aéreo de cabotagem. Nos grandes centros urbanos continuamos a carecer de melhor lógica.

Em telecomunicações o país teve que adotar uma estratégia de solução de contingência, depois de tantas vezes ver adiado seu projeto de entrada no setor aeroespacial, por não conseguir dispor de um veículo lançador de satélites (VLS). Assim, resolveu criar, com recursos da Telebrás e da Embraer, uma *joint-venture* chamada Visiona, que, como empresa integradora, foi buscar a solução mais importante para nossas telecomunicações, o satélite geoestacionário de comunicações estratégicas e defesa, junto a fornecedores estrangeiros, contrariando assim a sua própria Estratégia Nacional de Defesa.

A assistência médica oferecida pelo Estado à nossa população infelizmente está abaixo daquilo que seria minimamente necessário. Muitos avanços ocorreram no Brasil no setor de saúde, mas muito ainda há por ser feito.

Entre os avanços são dignos de nota os esforços que o Ministério da Saúde logrou obter na quebra de patentes dos medicamentos para tratamento da AIDS. Outro aspecto foi o bem-sucedido aumento do acesso aos sistemas de saúde. Mas o sistema em si continua exposto a uma série de vicissitudes, como demanda reprimida e altos custos operacionais.

Mas o próprio setor de saúde nos remete ao conceito de valores compartilhados, assunto que trataremos no próximo capítulo.

Capítulo 5. Valores compartilhados[6]

Michael E. Porter e Mark Kramer argumentam que o conceito de valores compartilhados (*Shared values*) inaugura o limiar de uma nova fase do atual capitalismo, em que as empresas, até mais do que os Estados nacionais, deverão responder por muitas das demandas sociais existentes.

Uma perspectiva estratégica nestes argumentos levantados pelos professores de Harvard, e que nos faz admitir sua pertinácia, diz respeito às grandes mudanças que vêm ocorrendo com a produtividade do trabalho. Robert J. Gordon, em seu livro "The Rise and Fall of American Growth", fala em três grandes revoluções industriais, sendo que a primeira ele atribui à descoberta do motor a vapor e seus importantes desdobramentos como as rodovias e os navios.

A segunda ele atribui à invenção da eletricidade e ao motor de combustão interna, apontando nesta segunda revolução aquela que apresentou os maiores impactos – bastante superiores às outras duas – no que diz respeito à produtividade do trabalho. Segundo o autor citado, os efeitos indiretos da segunda revolução fazem-se sentir até os dias atuais, com a invenção dos aparelhos de ar-condicionado, os sistemas de rodovias interestaduais, o transporte aéreo comercial e os

---

[6] Parte deste capítulo é reprodução literal de textos apresentados na Coluna Pieracciani Conhecimento, assim como um ensaio elaborado para um curto período de estudos na Universidade de Harvard, em dezembro de 2016, cujo tema foi "Valores Compartilhados".

aparelhos de televisão. Gordon entende que os efeitos desta segunda revolução cobriram uma vasta gama de desejos e necessidades humanas, incluindo alimentação, vestimentas, habitação, transportes, entretenimento, comunicações, informações, saúde, medicina e condições de trabalho.

A terceira ele atribui às tecnologias de informações e comunicações iniciadas em 1960 e que continuam até hoje. Mas o que nos parece estratégico neste ponto é observarmos o declínio da produtividade do trabalho associado a esta terceira revolução, e, assim, o quão importante pode ser investigarmos com grande atenção este limiar do que pode vir a ser a quarta revolução, a dos valores compartilhados.

O ato de doar é muito antigo. E está passando por profundas transformações. Com o esgotamento dos recursos públicos e o surgimento das organizações não governamentais (ONGs), a responsabilidade social das empresas está se transformando, de um simples ato de doar, para um esforço mais incisivo de inserção da questão social. De maneira que hoje, além da doação de recursos financeiros, ou o trabalho dos colaboradores das empresas, através do que ficou conhecido como pró-bono, as empresas estão procurando inserir a questão social em suas cadeias produtivas. Criando assim as tão propaladas cadeias de valores. Por isso o termo "valores compartilhados". As empresas doam para as causas sociais que consideram mais relevantes – desafio com o qual os Estados nacionais vêm tendo cada vez mais dificuldades de lidar, em função de seus orçamentos reduzidos – e também lucram com a inovação e aperfeiçoamento de suas cadeias produtivas.

Michael E. Porter, foi um dos primeiros pesquisadores a perceber esta nova visão, chamando-a de "valores compartilhados". Ou seja, se no passado uma grande corporação, como a Ford, simplesmente doava algum valor financeiro para uma causa social, e depois esperava que aquela quantia fosse investida com responsabilidade, hoje a mesma empresa procura fazê-lo escolhendo, ela própria as causas sociais que irá apoiar, em função de terem inserção em suas atividades produtivas. E, por que não dizer, aumentando seus lucros!

Podemos citar o exemplo da Nestlé, que apoia ONGs africanas que defendem a ampliação dos investimentos em saneamento básico. Por quê? Porque a própria Nestlé precisa que seu leite seja produzido em regiões com bom nível de saneamento básico, e assim o leite lá produzido, seu insumo básico, seja da melhor qualidade possível.

Outro que percebeu esta mudança foi o guru do marketing, Philip Kotler que, com seus colegas David Hessekiel e Nancy Lee, procuram ensinar no livro de 2012, de que maneira as ONGs e as empresas devem encarar esta nova visão dos "valores compartilhados".

Estes autores evidenciam que, uma vez identificadas as causas sociais que têm relação direta com as suas atividades empresariais, existem três formas das empresas colaborarem, como (*i*) apoio financeiro direto; (*ii*) apoio na divulgação (marketing) das causas sociais, e (*iii*) envolvimento de seus empregados.

No apoio financeiro direto a empresa realiza investimentos nas atividades operacionais das ONGs. Poderíamos citar o exemplo da Associação Helena Piccardi de Andrade Silva (www.ahpas.org.br), que recebe apoio financeiro de laboratórios farmacêuticos para realizar sua missão, de transportar as crianças em tratamento oncológico.

Já no marketing das causas sociais, uma empresa pode colaborar na realização de eventos que sejam importantes tanto para divulgar seus produtos ou serviços, quanto o trabalho social realizado pelas ONGs.

No envolvimento de seus empregados, naquilo que ficou conhecido no meio empresarial como *pró-bono*, uma empresa especializada em logística libera um ou mais colaboradores para que estes auxiliem as causas sociais correlacionadas.

Podemos ver estas transformações também como algo que irá impactar positivamente aquilo que os economistas tradicionalmente chamam de externalidades. As externalidades são impactos negativos (ou positivos) decorrentes das atividades produtivas de uma empresa. Por exemplo, os efluentes de uma indústria têxtil que são despejados no rio local. Assim, nesta nova visão, as indústrias têxteis apoiariam causas sociais voltadas para a melhoria da qualidade das águas do município onde atuam.

A economia clássica já passou por duas grandes revoluções e, segundo alguns autores, está iniciando uma terceira. Não irei me preocupar com o didatismo das cronologias e das citações sobre os principais autores de cada uma das revoluções. Ademais hoje, com o advento da Internet, tais informações são de bem fácil acesso. Cuidados devem ser tomados apenas com a verificação da veracidade.

A primeira revolução foi a Revolução Industrial, que teve como mote a automação das fábricas de tecelagem, primeiramente em função da grande descoberta representada pelos motores a vapor, e, mais tarde, os motores a explosão ou combustão interna.

A segunda revolução foi – ou, diriam alguns, está sendo – a Revolução das Comunicações, em que esta mesma facilidade tecnológica citada no parágrafo inicial representou grandes transformações.

Ainda que eu concorde que esta nova revolução está em curso, não sou tão enfático quanto o Professor Porter, que atribui a esta revolução – imersa em todo um movimento político, econômico, social e tecnológico – um peso maior do que o peso que quero apontar mirando para a nova economia institucional (NEI) que floresceu no setor econômico de muitos países antes mesmo dos valores compartilhados.

A NEI surgiu porque os recursos orçamentários da área pública começaram a se exaurir, e as empresas privadas passaram a ser chamadas para dividir com os Estados Nacionais as responsabilidades que antes eram de domínio exclusivo do setor público. Só que este movimento NEI ocorreu também em função de uma grande mudança que já havia ocorrido com o próprio capitalismo, que passara de um capitalismo "patronal" para um capitalismo "gerencial". No capitalismo patronal quem manda e dá a última palavra em todas as decisões é o dono, e no capitalismo gerencial quem manda e dá a última palavra em todas as decisões é o gerente. *Vis a vis*, passou a ocorrer também uma importante mudança na visão que se tinha sobre os interesses dos agentes econômicos, depois que um psicólogo da Universidade de Stanford, repito, um psicólogo, e não um economista, criou sua teoria prospectiva, ou, como preferem alguns puristas, teoria do prospecto. Recebendo depois um Prêmio Nobel em Economia!

De forma que surgiu assim, junto à NEI aquilo que os economistas chamam hoje de economia dos custos de transação, que são os custos que os antigos donos (hoje acionistas) têm que assumir para controlar os atos dos gerentes. E a mesma coisa está acontecendo na área pública, em que muitos "gerentes" estão ludibriando os acionistas principais. Passe o trocadilho para suas conclusões sobre quem são os acionistas principais no Brasil.

De maneira que precisamos redefinir as fronteiras entre o público e o privado, assim como as alianças entre os Estados Nacionais, as empresas privadas e as organizações sociais, que incluem as ONGs, as Universidades, Institutos de Pesquisa, etc. Hoje existem alternativas bastante interessantes, não só na celebração de contratos, como também na divisão dos riscos do empreendedorismo. Na celebração dos contratos podemos citar as atuais câmaras de arbitragem, e na divisão dos riscos o chamado capital de risco (*Venture-capital*) e as ações especiais de empresas estratégicas (*Golden-shares*).

Estejamos nos direcionando para a terceira ou para a quarta revolução na economia, o fato é que precisamos encontrar formas alternativas de convivência neste atual capitalismo injusto, desigual e excludente. E isto é o que nos propomos a analisar no próximo capítulo deste livro, focando as alternativas que, adicionadas aos valores compartilhados, talvez venham a representar o início da costura de um novo tempo para o Brasil.

A seguir apresento o texto que elaborei para os estudos realizados sobre o tema em Harvard, no ano de 2016, com os professores Porter e Kramer.

Valores compartilhados, espaços compartilhados e vulnerabilidades compartilhadas

Resumo: O conceito de valores compartilhados (Porter & Kramer, 2011) significa uma firma direcionando parte de suas receitas para a assistência de pessoas em situação de risco e vulnerabilidade em sua região de atuação, reforçando assim sua cadeia de valores, e tentando reduzir problemas sociais que os governos não mais conseguem solucionar. É um tipo de responsabilidade social corporativa, onde as firmas redesenham o capitalismo convencional, ajudando a incrementar a saúde e a riqueza das comunidades onde operam.Uma vez que este conceito de valores compartilhados ainda se encontra em fase bastante embrionária, em também considerando a necessidade de operacionalização e mensuração de seus resultados, é que se chega aos objetivos deste ensaio. Assim, o que se pretende fazer é amplificar a visão economica do processo, da mesma maneira com que se desenvolveu a nova economia institucional (Williamson, 2000). Com o foco voltado para externalidades negativas e positivas (Arrow, 1969), nós estamos sugerindo uma nova solução economica. O ponto de partida será o problema dos espaços compartilhados, e então passaremos ao tema das vulnerabilidades também compartilhadas. Vulnerabilidades que, para serem aliviadas, deveriam impor para empresas que geram externalidades negativas (custos para toda a sociedade) um sobrepreço pago a organizações não governamentais (ONGs) que irão devolver esse recurso à sociedade, na forma de benefícios para as comunidades, de preferência fortalecendo as cadeias de valores das empresas (Porter, 1989; Porter, 1998) em setores definidos como estratégicos para a competitividade do país ou de uma região. De maneira que também seria expandida a visão ora predominante do chamado imposto verde, um importante desafio para todos os Estados-Nações do mundo atual, e ainda pela proposição do que pode vir a ser considerado uma nova tributação social (NTS).

1. Introdução

Nos arredores da Igreja Presbiteriana de Pirassununga, no Estado de São Paulo, houve uma grande comoção porque ninguém sabia propor uma solução para o problema que estava ocorrendo em um bairro da cidade em que as pessoas apresentavam sérios problemas de consaguinidade. Um problema que instigava a Igreja, os fiéis, os civis do município e o governo municipal. Então, alguém veio com uma boa ideia: que tal tentarmos encontrar uma ONG especializada neste tipo de problema social, e pedirmos ajuda? Remunerando-os com recursos de doações dos fiéis. Com o suporte e incentivos do governo municipal. Boa ideia, boa solução para o problema.

Como Porter (1989) assevera, uma firma, para ser competitiva, precisa pensar em toda a sua cadeia de valores, sua cadeia produtiva. Olhando para as atividades primárias e as atividades de suporte. É necessário, também, pensar em uma miríade de firmas de apoio envolvidas nesta cadeia de valores, para que um país se torne competitivo. Na perspectiva do setor produtivo privado, um esforço para adensar sua cadeia produtiva. Na perspectiva de um governo, um esforço para tornar a nação competitiva e também para reduzir suas desigualdades (Stiglitz, 2012). Então, quando pensamos na cadeia de valores de qualquer empresa, em qualquer setor, podemos encontrar uma série de especialidades. Da mesma forma, iremos encontrar uma série de externalidades positivas e negativas.

Vamos pensar a respeito de um setor como o de transporte aéreo. Considerando um único voo partindo de São Paulo com destino a Boston, por exemplo, constatamos a grande variedade de outras empresas operando na realização do mesmo esforço. Além da aeronave e a tecnologia envolvidas (e muitos de seus fornecedores), há também muitas outras empresas trabalhando nos serviços em terra (combustível, alimentação, serviços aeroportuários) operações aéreas de apoio (controle do tráfego aéreo, auxílio à navegação). Assim surge a questão: quem deve pagar pela poluição do ar gerada pela queima do combustível? Mantenha aberta esta questão.

No exemplo da Igreja presbiteriana, nós podemos imaginar a solução do problema através da metáfora de um triângulo: Igreja, governo municipal e ONG.

No problema das externalidades negativas que ocorrem no transporte aéreo, nós também poderíamos imaginar uma solução para o problema através de outro triângulo: Empresa de transporte aéreo, Países envolvidos (Brasil e Estados Unidos) e ONGs especializadas em maneiras de se reduzir as vulnerabilidades que certamente se encontram em ambos os países. Desta forma, vamos focar nossa atenção no tema dos espaços compartilhados e vulnerabilidades compartilhadas.

2. Espaços compartilhados

Quando pensamos sobre os espaços que compartilhamos em um mundo globalizado como o mundo atual, temos que considerar ao menos quatro espaços comuns: cibernético, espaço sideral, atmosfera e oceanos. De acordo com informação contida em documento publicado pela Presidência dos Estados Unidos (White House, 2015) intitulado "National Security Strategy", o mundo hoje tem 50% da população com idades abaixo de 30 anos. E nas Américas, a classe media ultrapassou o número de pessoas vivendo na pobreza, pela primeira vez na história.

Mas nós temos uma série de problemas também.

Na cibernética a Internet é o pilar da prosperidade e da segurança das nações, da sociedade civil e demais interessados.

E entre os demais interessados há um grande número de criminosos (externalidade negativa) operando no mesmo espaço cibernético. Então, a responsabilidade precisa ser compartilhada. Os Estados Unidos estão liderando estes esforços, desenvolvendo um marco legal e leis internacionais para regular estes esforços. Retornando a questão: quem deve pagar esta conta? Mantenha a necessidade de ampliar o escopo de resposta para esta pergunta.

O espaço sideral está continuamente recebendo o lançamento de satélites dos mais variados países, para auxiliarem na navegação, nas comunicações e no comércio. Mas da mesma maneira com que acontece no espaço cibernético, há inúmeras ameaças vindas de criminosos que desejam negar o uso pacífico destes ambientes. Os Estados Unidos (White House, 2015) propuseram – e estão aperfeiçoando – um Código Internacional de Condutas para as atividades no Espaço Sideral. Novamente: quem deve pagar por estes esforços? Quantas empresas, entre as que estão se beneficiando do uso do espaço sideral, gostariam de prover fundos diretamente (para os governos) ou indiretamente (para as ONGs, universidades ou institutos de pesquisa, ciência e tecnologia)?

Quando são considerados a atmosfera e os oceanos, podemos expandir dramaticamente o leque de firmas e outros interessados. Muitos países estão trabalhando juntos para garantir a segurança da navegação aérea e dos sobrevoos. Não apenas o fluxo livre no comércio de mercadorias, mas também no turismo. Existem ainda outras ameaças importantes à segurança como o direito de exploração dos recursos naturais marítimos e o contrabando de drogas. O Brasil, por exemplo, está pesquisando e explorando petróleo em águas profundas, no nível do pré-sal. Embora o país seja signatário da Convenção das Nações Unidas sobre os Direitos do Mar, nós não concordamos com a proposta de redução de nossos direitos no Atlântico Sul e na Antártica.

Outro exemplo brasileiro é o controle do tráfego aéreo, que é feito pela Força Aérea Brasileira (FAB), e atende a inúmeros interesses entre grande número de empresas privadas.

Para melhor discutir as possibilidades de cooperação entre os agentes que contemplam a metáfora do triângulo anteriormente proposta, vamos considerar algumas das vulnerabilidades com as quais podemos nos deparar.

3. Vulnerabilidades compartilhadas

Talvez devamos admitir que as mudanças climáticas representam as mais importantes vulnerabilidades que ameaçam o mundo atual. (White House, 2015). Para fazer frente a esta ameaça, há muitas ações que podem ser feitas. Uma é o desenvolvimento de projetos de energia limpa. Outra é ajudando os fazendeiros a praticar uma agricultura "climaticamente inteligente" e a semear colheitas mais duradouras. Nós deveríamos pensar ainda em diversos tipos de esforços possíveis para a redução da emissão de metano na atmosfera.

Outra maneira de enfrentar estes problemas seria através de acordos de livre comércio entre os países quando se tratar de produtos ambientalmente sustentáveis.

No setor de saúde há o problema da rápida proliferação de doenças contagiosas. Nos países em desenvolvimento a transição epidemiológica tem se tornado um problema cada vez mais grave, da mesma forma como já ocorreu em países ricos. (Silva, 2014).

Retornemos à metáfora do triângulo. Nós entendemos que entre os três agentes envolvidos, as ONGs representam o agente que tem melhores possibilidades de trabalhar na redução das externalidades negativas. Considere, por exemplo, o caso de uma criança pobre com câncer e a necessidade de transporte para o tratamento. Uma ONG especializada neste tipo de transporte pode ser a melhor opção para redução da vulnerabilidade.

Se considerarmos o desafio de diagnóstico precoce na oncologia pediátrica, talvez as ONGs, as universidades, assim como as associações profissionais que representam os médicos sejam os agentes mais qualificados para lidar com a redução da vulnerabilidade.

Mas a questão que fica em aberto é como absorver, e quem irá absorver os custos envolvidos nisso. Então, vamos considerar os custos das externalidades negativas e depois discutir uma proposta para enfrentar esse problema. Talvez com uma nova forma de "imposto verde", como estamos propondo, denominando essa proposta de nova tributação social (NTS).

4. Externalidades negativas

Talvez já seja desnecessário enfatizar que quando nos referimos às externalidades negativas, estamos nos referindo aos custos que as empresas privadas impõem tanto aos consumidores quanto aos não-consumidores de seus produtos (impactando o ambiente inteiro), na mesma proporção das quantidades de sua produção.

A solução que estamos propondo para estes problemas pode ser expressa pelo triângulo do diagrama a seguir.

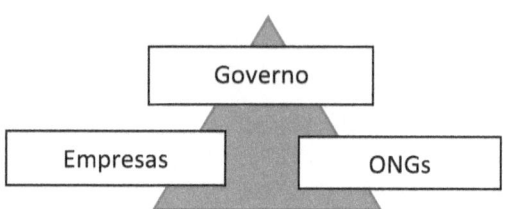

O papel do governo é definir os setores estratégicos para sua competitividade, assim como as empresas que não estão neste grupo e são geradores de externalidades negativas. Então, o governo define a nova tributação social (NTS) que irá ser transferida de um setor para o outro.

O papel das ONGs será – recebendo do governo os recursos ganhos na NTS – encontrar os benefícios sociais para redução das externalidades negativas.

5. Conclusões

Uma solução já havia sido encontrada muitos anos atrás, quando o economista Arthur C. Pigou propôs (em 1920) a chamada "Pigovian tax" para externalidades negativas. Como se sabe hoje, a solução proposta pela "Pigovian tax" para enfrentar as externalidades não foi bem recebida pelas comunidades científicas e empresariais. Entre os críticos, Carlton & Loury (1980) argumentam que a "Pigovian tax" não seria uma solução para o setor como um todo, mas recairia apenas sobre uma empresa.

De maneira que a proposta que estamos apresentando neste ensaio é de considerar os clusters estratégicos para o Brasil (Porter, 1989; Porter, 1998) – assim como os setores gerando externalidades negativas e ausentes dos clusters. Para assim iniciarmos uma "transferência de impostos", coordenada pelo Estado brasileiro.

Retornando ao problema proposto no início deste ensaio, relativo ao transporte aéreo (Introdução), nós devemos admitir que não podemos continuar vendo a biosfera como um imenso buraco onde podemos jogar todo o lixo que estamos gerando. Como se o globo terrestre fosse um buraco de dimensões infinitas. Além das coisas que estamos sempre querendo comprar, existe a questão do tempo, e o futuro das próximas gerações. Quem irá pagar pela grande quantidade de CO_2 lançada por um avião commercial na atmosfera? Quem irá pagar pelas externalidades negativas geradas na propria construção da aeronave?

Nós propomos que cada um de nós, vivendo neste planeta, devemos assumir nossa parcela de responsabilidade com a desigualdade (Stigltz, 2012) que ainda existe no mundo. Um jovem pobre que nem mesmo utiliza o transporte aéreo está pagando mais pelas externalidades do que um rico, que efetivamente se utiliza deste tipo de transporte. Os jovens pobres que necessitam que todos os esforços sejam feitos para que se realize o diagnóstico precoce de câncer, poderiam se beneficiar desta transferência de recursos através da NTS.

Esse ensaio foi escrito com o único propósito de contribuir com as discussões em um curso de formação de executivos na Harvard Business School, sob a temática dos valores compartilhados. O curso foi realizado em Boston, de 5 a 7 de dezembro de 2016.

Referências
Arrow, Kenneth J. "The organization of economic activity: issues pertinent to the choice of market versus non-market allocations. In: *Analysis and evaluation of public public expenditures: The PPP System*. (1-16).Washington, D.C., 1969.
Carlton, Dennis W. & Loury, Glenn C. "The limitations of Pigouvian taxes as a long-run remedy for externalities". *Quarterly Journal of Economics* [S.I.: s.n.] 95 (3) 559-566 (as cited in pt.wikipedia.org/wiki/Imposto_pigouviano. Acessed on October, 18 2016 at 11h45am).
Pigou, Arthur C. **The economics of welfare**. London: MacMillan, 1920. (as cited in pt.wikipedia.org/wiki/Imposto_pigouviano. Acessed on September, 30 2016 at 20:00pm).
Porter, Michael E. **Vantagem competitiva: criando e sustentando um desempenho superior.** Rio de Janeiro: Campus, 1989.

Porter, Michael E. **A vantagem competitiva das nações**. 5ed. Rio de Janeiro: Campus, 1998.

Porter, Michael E. & Kramer, Mark R. "Creating shared values". In: *Harvard Business Review*. Vol. 89, (62-77). Jan/Feb, 2011.

Silva, Luiz Mauricio de A. "Logística para o diagnóstico precoce de tumores cerebrais em crianças e adolescentes brasileiros: desafio de decisão rápida e simples para a Força Aérea Brasileira". ***Working paper*** at Brazilian Air Force Academy (not published). Pirassununga/SP, 2012.

Stiglitz, Joseph E. **The price of inequality: how today's divided society endangers our future.** New York: Norton, 2012.

United States of America. "National Security Strategy". White House, Washington, 2015.

Capítulo 6. Competitividade e formação de clusters empresariais

Os conceitos de competitividade e de clusters (conglomerados) empresariais não são muito recentes. Começaram a ser discutidos desde os primórdios da teoria microeconômica. De forma que para revisitá-la desde o seu início, teríamos que recorrer a autores como Alfred Marshall (1879), Edward Chamberlin (1933) e Joe Bain (1956).

No entanto, iremos concentrar as considerações deste capítulo nos estudos de David Besanko (microeconomia) e Michael E. Porter (competitividade e clusters).

A microeconomia, em contraposição à macroeconomia, tem o seu olhar direcionado para dentro das organizações e procura compreender a dinâmica dos setores empresariais. Os economistas em geral nunca se interessaram muito pela forma como as empresas se organizam, como administram seus insumos e produtos, nem quantas firmas existem em cada setor produtivo. Durante muito tempo estes temas foram considerados uma "caixa preta" da economia. Com o advento da chamada organização industrial, a partir de 1879, houve um avanço nas investigações para além das estruturas de preços e quantidades ofertadas, ou ainda na dinâmica dos monopólios, duopólios e oligopólios. Passa a existir um olhar mais específico para o desempenho das empresas – sobretudo em termos de produtividade – e uma observação mais atenta sobre a relação de causa e efeito entre as estratégias, a estrutura e o desempenho.

Silva et al (2019) apresenta com seus colegas uma visão complementar a estas considerações sobre microeconomia, em que destacam a visão das firmas baseadas em recursos, a economia dos custos de transação, e a teoria da agência:

> "A visão baseada em recursos enfatizou a singularidade da firma, que aglutina alguns recursos irreprodutíveis e suas estratégias de crescimento, baseadas na utilização dos recursos existentes e na aquisição de recursos complementares. A economia dos custos de transação deu margem à discussão de arranjos eficientes entre firmas, regulados por mecanismos de governança que proveem os incentivos e controles necessários para que os agentes realizem os ganhos potenciais da cooperação. A teoria da agência entende a firma como um feixe de contratos que distribui direitos de propriedade entre os membros da organização e define o modo como custos e recompensas serão alocados entre eles. Cada uma dessas teorias dirige a atenção para determinados aspectos da atividade empresarial em que os resultados dependem das estratégias adotadas."

A visão baseada em recursos pode ser bem explicada com o uso do acróstico V.R.I.O. significando valor, raridade, inimitáveis e organização. Para que uma empresa ou um conglomerado de empresas alcancem a máxima produtividade ou a tão propalada vantagem competitiva, em primeiro lugar é necessário que esta firma gere valor, tanto na forma de inovação quanto em termos de soluções para seus clientes. Raridade tem a ver com a diversidade de fornecedores. Basta imaginar que quanto menor o número de fornecedores, maior será o poder de barganha deste fornecedor, e assim, maior a pressão na composição dos preços e da demanda. Inimitáveis tem a ver com outro tipo de barreira de entrada para novos competidores, o acesso à tecnologia envolvida. Ou seja, tem a ver com a dificuldade de se desenvolver esta tecnologia. Imagine alguns produtos como medicamentos, que, antes de chegarem às prateleiras das farmácias, passaram por pesados investimentos em pesquisa e desenvolvimento de sua fórmula. E organização tem a ver com a cultura da organização, sua flexibilidade e grau de abertura à evolução dos produtos e das tecnologias. Um exemplo clássico de empresa que não demonstrou a flexibilidade organizacional necessária para atingir a produtividade e a competitividade em seu ramo de atuação foi a Xerox.

Já a economia dos custos de transação busca o equilíbrio entre os preços que serão praticados e os custos que serão incorridos pelas firmas, e que deverão ser suficientemente remunerados por estes preços. É entendida por uma perspectiva que leva em conta três variáveis fundamentais: a frequência, a garantia e a incerteza dos contratos. No que concerne à frequência, a preocupação reside no número de negócios ou contratos de fornecimento que serão efetivamente realizados. Claro que sob a regência biunívoca de contratos explicitamente acordados entre as partes. No que diz respeito à garantia como variável fundamental na economia dos custos de transação, importa compreender o conceito de incompletude de contratos.

Na incompletude de contratos parte-se do pressuposto de que nenhum contrato, *per se*, será capaz de cobrir ou antever todas as vicissitudes de uma relação de negócios entre duas ou mais partes interessadas. De maneira que, mais importante que o contrato em si, será a convicção e o comprometimento entre as partes, que poderão garantir bons acordos. Já no que diz respeito às incertezas, considera-se algo muito próximo daquilo que Porter também considera em sua Teoria do Diamante, o papel do acaso.

A teoria de agência procura evidenciar as diferenças existentes na hierarquia das empresas, e nos diferentes papéis a serem exercidos por diferentes protagonistas, quando se consideram os diferentes agentes envolvidos dentro de cada firma. Os donos do capital naturalmente têm uma preocupação maior com a sobrevivência de suas empresas no horizonte de tempo de longo prazo. Já os gerentes, responsáveis por gerir as empresas no seu dia-a-dia, poderão estar motivados pelas mesmas razões, ou não. E para que seja contornada esta dúvida é que surgem os incentivos e bonificações que os proprietários oferecem aos seus gerentes (agentes). Quando não se logra sucesso por meio deste artifício, os proprietários recorrem em custos adicionais na forma de auditorias ou aumento na robustez dos sistemas de informações.

O ponto de convergência entre estas abordagens teóricas, que gostaria de apresentar com bastante ênfase aos estimados leitores, está no fato inconteste de que os arranjos produtivos, na forma de conglomerados empresariais, facilitarão sobremodo a coordenação dos interesses existentes em cadeias produtivas empresariais.

Senão vejamos. Os clusters empresariais são agrupamentos que ocorrem em torno de eixos geográficos, tecnológicos e até mesmo culturais. Um ótimo exemplo de cluster no Brasil são as vinícolas da região sul. Sabemos que neste caso temos os três eixos em ação: sul do Brasil, imigrantes de culturas homogêneas e tecnologias muito bem disseminadas. Pois bem, pense agora nos contratos que serão celebrados neste cluster. O comprometimento será quase natural, pairando acima até mesmo dos contratos formais. São estimulados compromissos e laços de confiança de longo prazo. Como estamos falando de cadeias de produção, os interesses de uns convergem com os interesses de outros. Se uma empresa no cluster perde, todos os demais perdem.

Segundo Michael Porter uma empresa só alcançará a vantagem competitiva se souber articular de maneira coerente uma entre duas opções básicas. A vantagem competitiva em custos ou a vantagem competitiva em diferenciação. Na vantagem competitiva em custos, conceitos como economia de escala e curvas de aprendizado serão cruciais. Na vantagem competitiva em diferenciação se sobressairão conceitos como inovação e marketing. Importando observar ainda que estas duas opções poderão ser oferecidas a um mercado amplo, ou focado em segmentos mais específicos. Novamente sendo importante o papel dos conglomerados empresariais na montagem desta equação.

O mesmo autor elucida a existência de cinco forças (detalhadas no capítulo 3) que governam a competição entre as empresas em sua busca pela vantagem competitiva.

Vamos recorrer a um exemplo que Porter nos oferece, e que elucida de forma inequívoca a existência destas forças agindo sobre as empresas em sua busca pela vantagem competitiva. Imagine dois setores de atividade, a indústria farmacêutica e a indústria de esquadrias de alumínio utilizadas em janelas residenciais. Pois bem, se procurarmos aplicar as cinco forças a uma hipotética empresa do setor farmacêutico e compararmos com outra do setor de esquadrias de alumínio, teremos o seguinte.

Tomemos inicialmente a força denominada (veja o diagrama 2, do capítulo 4 durante todo o discorrer da comparação) "entrantes potenciais". No setor farmacêutico seria muito mais difícil um novo entrante se estabelecer, uma vez que são exigidos anos e anos de pesquisas para se desenvolver um novo medicamento, sem falar nos elevados custos. E o que dizer sobre uma indústria de esquadrias de alumínio? Qualquer pretendente pode entrar neste segmento, bastando dispor de uma laminadora de metais não ferrosos. E qual a conclusão que se chega com isso? Que o setor farmacêutico, neste quesito, é mais atrativo que o de laminação de alumínio. Vejamos em relação às demais forças.

Tomemos agora a força denominada "produtos substitutos". O que seria mais fácil encontrarmos como substituto, um medicamento ou uma janela residencial? Desnecessários maiores argumentos, para constatarmos que, também neste quesito, a indústria farmacêutica sai vencedora. E com o que se refere à força denominada "concorrentes na indústria"? Será que iremos encontrar maior número de concorrentes, o que nem sempre é bom sob a ótica da microeconomia, no setor farmacêutico ou no setor de janelas de alumínio? Mais um ponto a favor da indústria farmacêutica.

E o que dizer sobre a força denominada "compradores"? Quais os que terão maior poder de barganha? Os compradores de remédios nas farmácias ou os compradores de janelas de alumínio nos grandes varejistas de material de construção? Se admitirmos que os compradores de medicamentos muitas vezes nem discutem a prescrição com seus médicos, o que dirá com os balconistas da farmácia. Irão comprar o que foi prescrito e pronto, o mesmo não podendo ser dito dos compradores de janelas em uma loja de materiais de construção, que, além de discutir os preços das diferentes marcas, irão considerar as opções alternativas, como as janelas de madeira.

Por fim, ao tomarmos como base de análise a última das cinco forças, denominada por Porter de "fornecedores", também fica imediata a conclusão do leitor de que na indústria farmacêutica o poder de barganha de cada fornecedor será muito pequeno, favorecendo assim os fabricantes, ao passo que, no caso das janelas de alumínio, o poder de barganha das empresas será mínimo frente aos grandes e poucos fornecedores de alumínio. Tudo isto fazendo com que fique evidente a maior atratividade de um setor sobre o outro.

Segundo a visão de Luiz Carlos Di Sério, professor da Fundação Getúlio Vargas de São Paulo, entre os efeitos dos clusters empresariais, destacam-se não apenas aqueles relativos à produção, mas também efeitos positivos em relação à demanda. No que diz respeito à produção, Di Sério destaca a facilidade de acesso à mão de obra com conhecimentos especializados, acesso a fornecedores de produtos e serviços necessários à produção e reputação das firmas líderes, facilitando acordos de cooperação verticais e horizontais. Um bom exemplo é a Embraer no cluster aeronáutico brasileiro.

No que diz respeito às vantagens da aglomeração relativas à demanda, o mesmo autor destaca que a concentração de empresas, mesmo que concorrentes, acaba por favorecer um maior fluxo de consumidores. Na visão de Di Sério, além das razões apontadas anteriormente, a formação dos conglomerados empresariais pode se dar também a partir das dimensões eletrônica e organizacional. A eletrônica reduzindo os custos de implantação e utilização de sistemas de informação e a organizacional em função da redução de custos por especialização de mão de obra e redução de custos de fretes e aquisições de mercadorias de uso comum.

Capítulo 7. Compromisso dos trabalhadores

A Consolidação das Leis do Trabalho (CLT), principal arcabouço jurídico que rege as relações entre empregadores e trabalhadores no Brasil, tem suas bases no ano de 1940. Cumpriu bastante bem o seu papel, estimulando um Estado regulador, porquanto o Brasil sofresse com relações de trabalho que em décadas anteriores se assemelhavam mais a relações de ordenamento patronal escravocrata do que relações entre trabalhadores e empregados.

No entanto, hoje esta lei tem representado um dos mais complexos entraves para os avanços que se fazem necessários no Brasil, entre os quais estes que estão sendo propostos neste livro. Isto porque atualmente os celetistas representam apenas um terço da força de trabalho do país. Seriam mais empregados neste regime se a CLT não produzisse o efeito deletério de desencorajar empregadores de contratar. Isto porque além de onerar excessivamente o orçamento das empresas[7], a CLT tolhe a liberdade de negociação entre empregadores e empregados.

Os demais trabalhadores encontram-se desempregados, na informalidade ou em vínculos empregatícios domésticos. Sem falarmos na classe de servidores públicos, que não são regidos pela CLT, mas por um regime próprio desta classe de trabalhadores.

A CLT não permite, por exemplo, que trabalhadores e patrões realizem acordos de trabalho

---

[7] Estima-se que para cada R$1 pago a um trabalhador, incorre-se em R$1,5 em carga tributária de direitos amparados na CLT como férias e décimo terceiro salário.

privados, e impõe ainda a obrigatoriedade do chamado imposto sindical, que é arrecadado por entidades de patrões assim como de trabalhadores. Gerando com isso uma perversa relação de triangulação entre o Estado e os Sindicatos – muitas vezes militantes de esquerda – que mal representam os interesses dos trabalhadores.

No dia 27 de abril de 2017 a Câmara dos Deputados aprovou um projeto de lei que altera de forma substantiva a CLT. Altera-a de forma substancial não apenas porque elimina as discrepâncias já citadas, mas ainda terá provavelmente o efeito de estimular as relações formais de emprego, em um país que ainda apresenta notável desigualdade, sobretudo econômica.

Hoje as relações de trabalho demandam maior liberdade de contratação, por exemplo, por prazos mais curtos, como os prazos típicos de duração de um projeto de investimento em novos produtos ou processos de produção. Ademais, as relações contemporâneas de emprego sujeitam-se muito mais às qualificações e aos vínculos de confiança mútua, aquilo que os profissionais de recursos humanos denominam de compromisso ou vínculos de comprometimento (Pereira, 2013).

O que estamos propondo como projeto de geração de compromisso dos trabalhadores brasileiros com esta nova estratégia para o Brasil, com os clusters, apoiados nas teorias do Diamante e dos valores compartilhados, inspirou-se em uma empresa têxtil escocesa chamada New Lanark e seu dirigente Robert Owen (1771-1858). Não pretendo focar o assunto na pessoa de Owen, mas em sua atividade empresarial. Ainda assim, importa destacar algumas de suas características pessoais. Owen era um adepto da educação e da reforma trabalhista. Acreditava em uma atividade educacional realizada em sua própria fábrica de tecidos, fundando assim as bases do cooperativismo. Era adepto do capitalismo, o qual acreditava poder tornar-se mais justo, humanizando-o com a força do próprio capitalismo, ao qual evidentemente Owen sempre aderiu. Ele entendia que bastaria que simplesmente cada empresa respeitasse as necessidades de todos os envolvidos. O capitalismo não poderia beneficiar apenas os proprietários do capital.

Owen acreditava que o caráter de um indivíduo não deveria ser atribuído apenas à sua educação, mas também às circunstâncias que o envolvem. Isto se assemelha muito à lógica apresentada no box do Capítulo 2, com a metáfora da tesoura de Ockam e Simon.

Foi algo revolucionário para seu tempo. Owen propôs que as crianças não fossem envolvidas com o trabalho antes de atingirem uma idade mínima, e instituiu, nas próprias instalações da New Lanark, um currículo escolar que faria suspirarem muitos dos educadores do século XXI.

A New Lanark foi fundada em 1786 por David Dale, nas proximidades de Glasgow, na Escócia, em uma região conhecida como River Clyde. A empresa funcionou até 1968 e após seu declínio suas instalações foram declaradas pela UNESCO um dos seis patrimônios mundiais da Escócia. É ainda um dos pontos da rota europeia da herança industrial. Outra curiosidade a respeito da New Lanark foi que o filósofo inglês Jeremy Bentham, considerado o pai do utilitarismo, foi integrante do conselho de administração da empresa.

A empresa empregava uma tecnologia de aproveitamento das águas do Rio Clyde que hoje seria comparável às mais avançadas tecnologias aeroespaciais. Owen conseguiu fazer a empresa ser muito lucrativa e talvez tenha sido o capitalista pioneiro em todo o mundo ao empregar o conceito de valores compartilhados. Isto porque acreditava que o sucesso empresarial só poderia ser realizado se os trabalhadores também tivessem o melhor.

Convém enfatizar que estas iniciativas de Robert Owen ocorriam em plena revolução industrial inglesa, com situações de trabalho muitas vezes degradantes, como as que inspiraram Charles Chaplin em seu filme Tempos Modernos. Ideias não menos revolucionárias do que as de Adam Smith quando propôs o fim da mão de obra escrava.

Fiquei muito inspirado ao ler a biografia de Steve Jobs (Isaacson, 2014), mas não saberia dizer por quanto tempo sua influência no meio empresarial irá perdurar. Mas fico atônito em imaginar que a New Lanark inspirou e continua inspirando até hoje, não apenas com sua tecnologia têxtil, mas ainda com seus valores e bases conceituais de educação.

Minha tese sobre o compromisso dos trabalhadores com a estratégia delineada neste livro pode ser sintetizada com a metáfora dos três triângulos, um invertido – onde enfatizo o papel que as empresas privadas têm hoje. Apresento-os a seguir, tomando como base de comparação os anos de 1940, ano da criação da CLT e o ano de 2019, ano em que proponho esta estratégia para o Brasil.

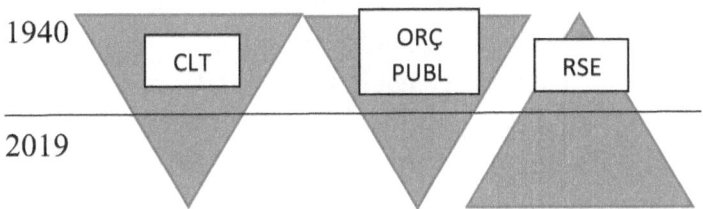

Os três triângulos estão divididos por uma linha horizontal para sinalizar duas porções diferentes, uma área maior (maior importância naquele quesito) e uma área menor (menor importância naquele quesito). Observe que no triângulo à esquerda, em 1940, a CLT cumpria um papel muito importante, uma vez que não havia a consciência da responsabilidade social nas empresas (RSE) e o orçamento público era maior, permitindo que o Estado assumisse uma maior responsabilidade social.

Já no ano de 2019 temos uma importância menor para o papel social da CLT, uma vez que as empresas estão assumindo uma responsabilidade maior com as questões sociais, através do conceito de valores compartilhados. E também porque o orçamento público do Estado brasileiro não tem mais capacidade de assumir toda a responsabilidade social com os trabalhadores.

De maneira que, com a implantação dos clusters brasileiros, apoiados na teoria do Diamante e no conceito de valores compartilhados, o Estado brasileiro passaria a concentrar esforços no sentido de "empregar" grande quantidade de brasileiros como microempresários formando a miríade de empresas de apoio que as empresas líderes dos clusters necessitam em sua cadeia produtiva. Evidentemente, isto irá requerer grande vontade política dos poderes legislativo e executivo nacionais, criando, com elevado espírito público, políticas de desburocratização na abertura de empresas menores, assim como esquemas de tributação mais razoáveis do que os que são verificados hoje.

Não estou insinuando que cada trabalhador brasileiro passe a ser visto como novo microempresário, até porque sabemos que as alternativas de teletrabalho, home-working e trabalho autônomo hoje existentes, possibilitariam diferentes enquadramentos para os diferentes níveis educacionais e econômicos dos brasileiros.

A seguir, apresento um texto originalmente publicado como capítulo do livro digital (disponível em researchgate.net) que escrevi em coautoria com meus colegas do Grupo de Pesquisas em Planejamento Estratégico da Universidade de São Paulo. Entre outros temas importantes sobre o perfil dos pequenos empresários brasileiros, destaco ainda o "Small Business Act" dos Estados Unidos. E, por uma questão de coerência, ainda que sob o risco de ser mal interpretado ou "acusado" de auto-citação, não poderia deixar de me lembrar do livro "Tomada de Decisões em Pequenas Empresas", que publiquei em 2004 pela Editora Cobra, e que agora (2019) encontra-se disponível em formato digital nesta mesma plataforma da Amazon.

Particularidades das pequenas e micro empresas

Para que possamos analisar as particularidades das pequenas e microempresas brasileiras, é necessário que se considere, inicialmente, o perfil destes corajosos empreendedores.

Perfil dos pequenos e microempresários brasileiros

O empreendedor típico das pequenas e microempresas no Brasil é, em muitos casos[8], aquele indivíduo que, insatisfeito com o trabalho que vem realizando como empregado, resolve arriscar suas economias em uma iniciativa própria. Algo que, por decorrência, acaba definindo a nova realidade de famílias inteiras, cujos provedores – sejam os maridos ou as esposas – ao empreenderem, podem levar para a nova atividade todos os seus familiares. E, muitas vezes, acabam por envolver também outros parentes mais próximos na empreitada.

Cabe ressaltar que esta decisão, em muitos casos, é financiada pelas economias das famílias, ou ainda pelo uso do fundo de garantia por tempo de serviços (FGTS). Sem falarmos na possibilidade de que a família inteira tenha de abdicar de bens patrimoniais, que muitas vezes são vendidos para a realização deste "sonho do novo empreendimento".

Estas constatações preliminares, acerca do perfil do empreendedor brasileiro da pequena e microempresa, são importantes para que se evidencie o risco envolvido neste tipo de negócio. E por decorrência, se evidencie ainda a necessidade de que se apoie, com estudos, pesquisas e treinamento a gestão destas empresas, que representam a parcela mais expressiva da geração de emprego e renda no Brasil.

---

[8] Esta constatação não está baseada em estatísticas oficiais, mas no contato diário que o autor teve com centenas de pequenos e microempresários brasileiros, durante os anos de 1992 e 1994, trabalhando como prestador de serviços de consultoria para o Serviço Brasileiro de Apoio às Micro e Pequenas Empresas em São Paulo – Sebrae/SP.

Outra forma bastante comum, adotada pelos pequenos empresários brasileiros é a franquia. O que nos leva a considerações ainda mais delicadas no que se refere ao risco do negócio. Por quê? Vejamos esta questão do risco com um pouco mais de detalhes.

Se perguntarmos aos candidatos a novos empresários no Brasil qual a razão mais forte para a decisão de empreender, encontraremos respostas relacionadas a "forte vocação para trabalhar" num determinado setor de atividades. Mas infelizmente encontraremos também muitas respostas relacionadas a busca de alternativas para "ganhar dinheiro" ou para ter maior autonomia de horários e liberdade de atuação, algo como "ficar livre do patrão".

E com isso se verifica um aumento da probabilidade de o negócio ser bem sucedido – no caso da primeira resposta – e um aumento da probabilidade de o negócio fracassar – nos casos da segunda e terceira formas de respostas. Isso porque, como sabemos, o risco do negócio pode estar relacionado tanto a perdas (a perspectiva negativa do risco) quanto a ganhos (a perspectiva positiva do risco). Gigerenzer (2014) enfatiza diferentes perspectivas do risco através de exemplos como a chuva em excesso, que, se por um lado pode trazer o desespero das inundações, por outro pode trazer o alento das boas semeaduras e colheitas. Ou, daríamos ainda outro exemplo, como o das oscilações das taxas de juros, que para um consumidor, tomador de empréstimos, encerra uma perspectiva negativa, mas para um banqueiro que empresta os recursos, encerra uma perspectiva positiva.

Fica fácil concluir que aqueles que se sentem vocacionados para a atividade, buscando na atividade empresarial a realização de sua vocação, terão maiores chances de sucesso do que aqueles que o fazem de forma pragmática ou mais utilitária. E por que não dizer, provavelmente terão maiores chances ainda se estiverem inseridos em cadeia produtiva de empresas líderes de clusters empresariais, ajudando a formar o grande número de empresas de suporte, como vimos na teoria do diamante.

Outro ponto que merece destaque, e muitas vezes define o perfil do pequeno e microempresários brasileiros, é a opção por reunir um grupo de amigos para, juntos, financiarem a nova empresa nascente. Esta opção acaba sendo mais um ingrediente de aumento do risco do negócio, seja pela maior dificuldade de se encontrar coesão em gerenciamento e decisões em grupo, quando comparadas a decisões individuais (Bazerman, 2014), seja pelas piores consequências, caso o negócio fracasse.

Temos a inclinação natural de ver a decisão do grupo se reunindo para dividir o investimento inicial pelos aspectos positivos, como a dispersão do custo individual, negligenciando o aumento da complexidade da gestão, uma vez que vários se encontrarão na posição de mando, para cada decisão, desde a mais rotineira até a mais complexa.

Com o advento da nova classe média brasileira, que segundo o estudo "A nova classe média brasileira", (SAE, 2011) entre 2004 e 2010 teriam ascendido à classe média 32 milhões de brasileiros, esperando-se aumento também do número de empreendedores, seja como empreendedor isolado, seja como empreendedor associado a algum esquema de franquia. As estatísticas de aumento do número de novos empreendedores na forma de franquias são impressionantes. De acordo com a Associação Brasileira de Franchising (ABF, 2014), o número de redes de franquias brasileiras aumentou de 678 em 2003 para 2.703 em 2013. Já o número de unidades franqueadas no Brasil foi de 56.564 em 2003 para 114.409 em 2013.

Estas questões demandarão mais e mais estudos que auxiliem o enfrentamento das dificuldades apontadas acima, no que diz respeito ao risco dos empreendimentos. Sabemos muito bem que muitos têm se decepcionado com os contratos "draconianos" que alguns franqueadores impõem a novos aspirantes a empresários, nestes casos empreendedores denominados "franqueados". E, novamente, entendo que o risco também poderá ser mitigado se os pequenos empresários brasileiros estiverem inseridos em cadeias de produção e arranjos produtivos locais como os clusters empresariais estratégicos.

Passemos a considerar algumas características da gestão econômico-financeira das pequenas e microempresas, ainda neste esforço de focar as particularidades destas importantes formas de organização empresarial existentes em nosso país, e que são a grande promessa no cenário empresarial brasileiro. Inclusive para o fortalecimento dos conglomerados empresariais estratégicos que são aqui vigorosamente defendidos.

São a grande promessa no cenário empresarial brasileiro seja pela perspectiva – já apontada aqui – de geradoras de emprego, renda e iniciativas voltadas à inovação, seja ainda como importantes agentes de adensamento das cadeias produtivas de importantes setores industriais brasileiros, como o agronegócio e a biotecnologia, as telecomunicações, a aeronáutica, o petróleo, a química fina e a cultura.

Tendência a "misturar" as contas pessoais com as contas da empresa

Na experiência adquirida como consultor de micro e pequenas empresas junto ao Sebrae/SP, percebi que os problemas mais comuns enfrentados por estes verdadeiros "guerreiros" da atividade empresarial brasileira podem ser divididos em dois grandes grupos de causas de problemas (Silva, 2004):

- Problemas financeiros e de acesso às fontes de financiamento, e;
- Problemas organizacionais e mercadológicos.

Os problemas financeiros mais comuns são a total ausência de planejamento, o que pode ser constatado pela inexistência de planilhas de controle de custos, definição dos níveis mínimos de produção, estabelecimento de critérios para a formação dos preços, e elucidação dos ciclos e estratégias de caixa. Com uma simples planilha eletrônica em um computador pessoal, o pequeno empresário pode facilmente controlar seus custos, tanto os custos fixos quanto os custos variáveis. E não nos esqueçamos novamente dos riscos que isso representa, uma vez que quanto maiores os custos fixos de uma organização, mais arriscada ela deve ser considerada.

Com uma simples planilha eletrônica o pequeno empresário pode facilmente realizar previsões, desde as mais simples, como uma regressão linear, até as mais complexas, como as análises multivariadas. E assim saber quais são os seus níveis mínimos de produção, para que atinja o tão almejado lucro, ou, ao menos, o ponto de equilíbrio operacional (Gitman, 1999).

No que diz respeito aos critérios para formação do preço de venda, infelizmente ainda se vê muitos dos pequenos empreendedores apenas "seguindo os preços praticados pelo mercado". Naturalmente os preços mais competitivos de qualquer empresa serão aqueles que reflitam sua produtividade, eficiência e capacidade de gestão controlada dos custos, além, é claro, do vigor de sua demanda, ou, sua carteira de clientes.

Com relação ao ciclo e estratégias de caixa, muitos empreendedores de pequeno e médio porte ainda se veem alijados das melhores práticas de gestão, como tempos médios de pagamento sempre maiores que os tempos médios de recebimento. Algo que também pode ser criteriosamente controlado através do fluxo diário de caixa.

E para finalizarmos este item, vem a questão do acesso das pequenas e micro empresas às boas fontes de financiamento, o que ainda é um problema no Brasil. Ainda que, de fato, hoje o Banco Nacional de Desenvolvimento Econômico e Social (BNDES), tem oferecido aos pequenos empresários novas formas de acesso aos financiamentos, como é o caso do "cartão BNDES".

Quando o pequeno empresário mistura suas contas pessoais com as contas da empresa, pode inadvertidamente estar tirando da empresa a sua mais rica fonte de financiamentos, que é o lucro. Separando criteriosamente seus ganhos dos ganhos da empresa, todos saem lucrando.

Trata-se de um mínimo de planejamento. As empresas necessitam que seus proprietários desenvolvam esta capacidade de planejar. E, o que é mais desafiador, desenvolvam a capacidade de planejar a longo prazo. Então vejamos algumas das particularidades dos pequenos empresários brasileiros no que diz respeito ao planejamento de longo prazo. Ou, o planejamento estratégico.

Futuro incerto e capacidade de assumir riscos

Quando nos referimos ao planejamento estratégico – como já discutimos em capítulos anteriores – naturalmente estamos nos referindo a um horizonte de tempo vindouro, futuro. E, assim, estamos entrando no movediço terreno das hipóteses, dos cenários. E também em asserções relativas à incerteza e ao risco.

Daniel Kahneman, psicólogo israelense, ganhador de Prêmio Nobel de Economia no ano de 2012. Sua principal contribuição científica, desenvolvida em parceria com Amos Tversky, ficou conhecida como teoria prospectiva. A teoria prospectiva, que representa um padrão do comportamento humano em situações de risco, pode ser sintetizada em um aforismo, de que "somos propensos ao risco quando percebemo-nos em situações de perda, e avessos ao risco quando percebemo-nos em situações de ganho".

Sabe-se muito bem que uma maior propensão ao risco é um dos atributos desejáveis de qualquer empreendedor. Ora, se nossa propensão ao risco ocorre – de acordo com a teoria prospectiva

> – quando nos vemos em situação de perdas, e se, por outro lado, sabe-se que a propensão ao risco é um dos atributos desejáveis no empreendedor, o que podemos concluir?
> Antes de procurarmos a resposta a esta pergunta, discutamos um pouco mais as conclusões a que chegaram os autores citados da teoria prospectiva. Façamo-lo através de alguns exemplos. Inicialmente pensemos em um time de futebol que está perdendo uma partida, aos 35 minutos do segundo tempo. O que você diria a respeito da postura mais provável do time que está perdendo: tenderá a se arriscar mais ou menos até o final do jogo? E um jogador de cassinos que, ao final da noite estivesse perdendo muito, você diria que esta pessoa tenderia a arriscar mais ou menos os seus recursos ainda restantes no final da noite?
> Pois é, todos sabemos muito bem as repostas a estas perguntas: o time perdedor tenderá a arriscar tudo, ir para o ataque, e o apostador do cassino também.
> E qual a conclusão destas reflexões, no que diz respeito às particularidades das pequenas e microempresas? A conclusão é que o empreendedor deverá, ao mesmo tempo, aproveitar os benefícios de sua propensão ao risco, sendo cuidadoso para não se expor demasiadamente ao risco. Entendendo e salientando aos formuladores de políticas públicas no Brasil de que ao inserir os pequenos empresários em cadeias de produção ou clusters, estaremos reduzindo sensivelmente, em função da sinergia, muitos dos atuais problemas econômicos dos pequenos empresários brasileiros.
> Enfatizo, à guisa de conclusões, que os pequenos empresários brasileiros devem ter apoio do governo para acesso às fontes de financiamento, assim como apoio governamental para que seja garantido, aos empresários de pequeno porte, acesso às compras governamentais, a exemplo do que ocorre nos Estados Unidos, que criou para isso uma lei específica, conhecida como *Small Business Act*.

Entendo que os autores Michael E. Porter e Mark R. Kramer conseguiram, com seu conceito de valores compartilhados, um feito comparável ao que Robert Owen fez com a sua New Lanark.

Passemos então às conclusões deste livro.

Conclusões

Considerações iniciais

No início deste livro prometi que, ao final, o leitor iria compreender de que maneira, contrariando os axiomas sobre a visão que muitos têm a respeito do povo, da cultura e da economia brasileira, existiria uma conexão positiva entre o cavalo, um dos mais rudimentares meios de transporte, e um satélite, um dos mais avançados artefatos da tecnologia atual.

A opção por esta ligação foi devida ao fato de que ela ilustra nossas características culturais fundamentais, ao mesmo tempo que mostra, num instantâneo, muitas conquistas já realizadas no nosso país. O cavalo, ilustrando bem nosso Brasil colonial, sertanejo, campeiro, representa uma de nossas importantes conquistas no setor de produção agropecuária. Estou me referindo a nossa pujança no setor primário, a nossa liderança mundial na produção de soja, carne bovina, açúcar, etanol, suco de laranja e à elevada qualidade na criação de autênticas raças brasileiras de equinos – respeitadas no mundo todo – como os cavalos mangalargas, os campolinas e os crioulos.

E o satélite, que ilustra de maneira cabal a fronteira do desenvolvimento técnico, também representa algumas de nossas conquistas mais significativas. Estou me referindo ao Departamento de Ciência e Tecnologia Aeroespacial (DCTA) e o seu Instituto Tecnológico de Aeronáutica (ITA), onde nasceu a Embraer. À Universidade de São Paulo (USP) e sua forte ligação com o Instituto Nacional de Pesquisas Espaciais (INPE), e a Empresa Brasileira de Pesquisa Agropecuária (EMBRAPA) a partir dos quais estamos gradualmente fortalecendo nossa posição nos setores aeroespacial e da agricultura. À Universidade Federal do Rio de Janeiro (UFRJ) e sua forte ligação com a Coppe, onde são feitas as principais pesquisas da Petrobras e do setor petrolífero, especificamente a nossa – também líder mundial – tecnologia de prospecção de petróleo em águas profundas.

Sem falar que estas instituições são centros de formação de profissionais que depois atuam e fortalecem nossa posição em outros setores não menos importantes, como biotecnologia, saúde, telecomunicações, química fina e cultura.

Sinto-me muito honrado ao fazer este relato. Claro que, acima de tudo, me sinto honrado por ser brasileiro. Mas me sinto honrado também por constatar que, de certa forma, ainda que de maneira bastante humilde, contribui e continuo contribuindo com tudo isto. Recordo-me da felicidade com que cruzei pela primeira vez os portões do então Centro Tecnológico de Aeronáutica (CTA), numa data que não consigo mais precisar, entre os anos de 1984 e 1987, como supervisor de planejamento estratégico da divisão de produtos diversificados da Pirelli S/A. Para participar de uma das reuniões do acordo de fornecimento dos tanques de borracha do caça brasileiro AMX, uma parceria entre a Embraer e a também italiana Aermacchi.

Ajudei a formar uma verdadeira legião de administradores, desde quando fiz meus primeiros ensaios como professor de planejamento estratégico nas Faculdades Metropolitanas Unidas (FMU) e na Escola Superior de Propaganda e Marketing (ESPM) no início dos anos 90, passando pelo meu trabalho como diretor da faculdade de economia e administração da Universidade São Francisco (USF). E culminando com os meus treze anos como professor de planejamento estratégico da Academia da Força Aérea (AFA), onde me aposentei e na Universidade da Força Aérea, onde continuo atuando (2019) como professor e pesquisador no Mestrado Profissional em Ciências Aeroespaciais mantido pela Força Aérea Brasileira (FAB).

Além destas experiências como professor e pesquisador, tive a honra de trabalhar na Trevisan Auditores e Consultores, onde depois também fui contratado para trabalhar como professor de estatística. Por ser mais conhecido como profissional da área de planejamento estratégico, lembro-me muito bem do dia em que encontrei, acidentalmente, pelos corredores da Faculdade Trevisan, com Antoninho Marmo Trevisan, o fundador da escola, que, muito surpreso, me perguntou: por que você está dando aulas de estatística e não planejamento estratégico? (Ao final destas conclusões você irá encontrar um box onde falo um pouco sobre a minha versatilidade e as críticas que recebo por isso). Para minha sorte, na avaliação anual que o Ministério da Educação fez com aquela turma, o chamado provão, em que a disciplina de estatística teve muito peso na prova, os alunos tiraram nota máxima, o desejável "A" no provão.

Mas o que importa mesmo nas conclusões deste livro – e que estas passagens pela Trevisan me ofereceram de muito valioso, foi a oportunidade de gerenciar um trabalho de consultoria em planejamento estratégico para a Associação de Pais e Amigos de Excepcionais (APAE) de São Paulo. No dia em que fomos apresentar os resultados da consultoria para os conselheiros da APAE, destaquei uma passagem de uma prestigiosa revista de negócios norte-americana se referindo a opinião do maior guru da Administração, Peter Drucker, que, quando questionado sobre quem deveria ser escalado para a vaga que se abrira na presidência da General Motors, o guru respondeu que indicaria a então dirigente da Girl Scouts, uma instituição filantrópica!

E por que isso é importante? Por que penso que além das características que já apontei para a nova estratégia brasileira, devemos mirar nas ONGs brasileiras da mesma forma como fez Peter Drucker, pela sua capacidade de convencimento e aderência dos trabalhadores com a grande missão do trabalho social. Isto precisa ser coerentemente conjugado com nossas melhores empresas privadas, em setores estratégicos, com soluções para problemas sociais com os quais os orçamentos públicos não conseguem mais lidar de forma suficiente.

Minha experiência com a AHPAS também me faz acreditar com muita convicção que este caminho é promissor para o Brasil. Em linha com o que Porter e Kramer sugerem ao se referirem a nova economia social e seu conceito de valores compartilhados.

Em uma coluna publicada no site da empresa de consultoria Pieracciani, reproduzida a seguir, tive a oportunidade de falar um pouco sobre o tema da responsabilidade social das empresas.

> **Uma nova visão sobre a responsabilidade social das empresas**
>
> O ato de doar é muito antigo. E está passando por profundas transformações. Com o esgotamento dos recursos públicos e o surgimento das organizações não governamentais (ONGs), a responsabilidade social das empresas está se transformando, de um simples ato de doar, para um esforço de inserção da questão social – e assim a doação de recursos financeiros, ou até mesmo do trabalho dos colaboradores das empresas às ONGs – na cadeia de valores das próprias empresas que doam. O professor da Universidade de Harvard, Michael E. Porter, foi um dos primeiros pesquisadores a perceber esta nova visão, chamando-a de "valores compartilhados". Ou seja, se no passado uma grande corporação, como a Ford, simplesmente doava algum valor financeiro para uma causa social, e depois esperava que aquela quantia fosse investida com responsabilidade, hoje a mesma empresa procura fazê-lo escolhendo ela própria as causas sociais que irá apoiar, em função de terem inserção em suas atividades produtivas. E, por que não dizer, aumentando seus lucros. Podemos citar o exemplo da Nestlé, que apoia ONGs africanas que defendem a ampliação dos investimentos em saneamento básico. Por quê? Porque a própria Nestlé precisa que seu leite seja produzido em regiões com bom nível de saneamento básico, para que o leite, seu insumo produtivo básico, seja da melhor qualidade possível. Outro que percebeu esta mudança foi o guru do marketing, Philip Kotler que, com seus colegas David Hessekiel e Nancy Lee, procuram ensinar no livro de 2012, de que maneira as ONGs e as empresas devem encarar esta nova visão dos "valores compartilhados". Estes autores evidenciam que, uma vez identificadas as causas sociais que têm relação direta com as suas atividades empresariais, existem três formas das empresas colaborarem com estas causas sociais, sendo (*i*) apoio financeiro direto; (*ii*) apoio na divulgação (marketing) das causas sociais, e (*iii*) envolvimento de seus empregados. No apoio financeiro direto a empresa realiza investimentos nas atividades operacionais das ONGs. Poderíamos citar o exemplo de um laboratório farmacêutico que investisse na aquisição de veículos para uma

ONG que garantisse o transporte das crianças aos hospitais em que estas crianças receberiam o tratamento médico (com a utilização dos medicamentos produzidos pelo laboratório farmacêutico) necessário para cura de suas doenças. Já no apoio à divulgação (marketing) das causas sociais, uma empresa pode colaborar na realização de um grande evento mercadológico, como uma "caminhada pela cura do câncer". No envolvimento de seus empregados, naquilo que ficou conhecido no meio empresarial como *pró-bono*, as empresas liberam seus empregados, para que dediquem um dia da semana apoiando uma causa social, sem prejuízo de seus salários. Por exemplo, um funcionário especialista em logística, passando um dia por semana ajudando uma ONG como a que foi citada no exemplo, que se dedica ao transporte de crianças em tratamento contra o câncer. Kotler e seus colegas também dão sugestões importantes de aproximação entre as ONGs e as empresas, como a necessidade de se definir, pelo lado das ONGs, com bastante objetividade, as causas sociais que necessitam de ajuda. As organizações não governamentais precisam conhecer também as necessidades das empresas, e, fazendo-o, terem maiores chances de sucesso na aproximação com as empresas candidatas ao apoio, numa das formas de apoio descritas acima. E, uma vez estabelecida a parceria, ambos – empresas e ONGs – ficam com a responsabilidade de operacionalizar as ações, inclusive verificando depois os resultados obtidos. No final dos esforços desta nova visão, até a premiação pelos resultados passa a ser feita com sugestões de ambos os lados. As empresas sugerindo premiações a seus acionistas, diretores, fornecedores ou colaboradores. E as ONGs sugerindo premiações aos diferentes agentes envolvidos com a causa social, como médicos, gestores sociais, assistentes sociais, entre outros. O argumento central destes autores é que, em função do crescente esgotamento dos recursos públicos, *vis a vis* o aumento das demandas orçamentárias do dinheiro público, as empresas privadas é que irão dispor dos recursos necessários para atender às causas sociais. E estas empresas passam a fazer as escolhas das causas sociais que apoiarão, mirando em sua própria cadeia produtiva, e suas necessidades, decorrentes de deficiências existentes na própria cadeia produtiva, ou alguma outra deficiência conjuntural. Podemos ver estas transformações também como algo que irá impactar positivamente aquilo que os economistas tradicionalmente chamam de externalidades. As externalidades são impactos negativos decorrentes das

> atividades produtivas de uma empresa. Por exemplo, os efluentes de uma indústria têxtil que são despejados no rio local. Assim, nesta nova visão, as indústrias têxteis apoiariam causas sociais voltadas para a melhoria da qualidade das águas do município onde atua. Lembra-se do exemplo da Lanark fundada em 1786?

A Lanark, vista com um pouco mais de detalhes no capítulo 7, é lembrada novamente como importante empresa de responsabilidade social e pela capacidade de gestão de seus dirigentes – lembrando que naquela época não existia esta consciência social, muito pelo contrário, o que tínhamos era uma feroz revolução industrial – tendo sido capaz, há muitos anos atrás, de envolver, de comprometer e motivar seus trabalhadores com a missão da empresa. Da mesma forma que nós consultores da Trevisan constatamos na APAE e eu, cofundador da AHPAS venho constatando sistematicamente naquele trabalho de transporte das crianças em tratamento de câncer.

Quando elaborei minha dissertação de mestrado na PUC/SP, tive o verdadeiro privilégio de ter como orientador o grande professor Carlos Osmar Bertero, da FGV/SP, que concordou com minhas ideias um tanto esotéricas, assim como com o título de minha dissertação "Administração estratégica e identificação com os valores empresariais". E por que as ideias foram consideradas esotéricas? Por que buscava base conceitual nas teorias do alemão Rudolf Steiner e sua doutrina conhecida como Antroposofia. Mas na pesquisa de campo encontrei e relatei casos de empresas brasileiras preocupadas com o social, como verifiquei em Holambra/SP.

E, como que por um capricho do destino, talvez me forjando desde jovem com exemplos de empresas socialmente responsáveis, talvez para que depois eu adquirisse a coragem de colocar estas ideias "no papel", trabalhei em empresas como o banco Bradesco e a companhia aérea VARIG. Tive a oportunidade de ouvir, de viva voz, na própria "Cidade de Deus" em Osasco/SP, a inesquecível preleção do senhor Amador Aguiar, ao som do hino nacional do Brasil e de nossa bandeira devidamente hasteada. E na VARIG conhecer mais de perto a incrível – e depois trágica – história da Fundação Ruben Berta e a impressionante benevolência com que tratava seus empregados e familiares.

Mas o mais paradoxal para um profissional como eu é constatar, após mais de 40 anos de trabalho, que em meu país, apesar de tantas conquistas, ainda somos uma nação com baixa autoestima na arena global. Isto se dando talvez em função daquilo que Michael Porter argumenta com grande insistência, para justificar o atraso de algumas nações. Vejamos isso no texto do próprio Porter:

> "A indústria específica – automóveis, máquinas, serviços – é onde a vantagem competitiva (de uma Nação) é ganha ou perdida" (Porter, 1998 p.6)

Em meu entendimento, o que Porter está dizendo é que, mais importante do que dispender esforços em políticas macroeconômicas de controle cambial e de taxas de juros, o Estado deve se concentrar em facilitar a produtividade das empresas nacionais.

Os brasileiros precisam entender, e acreditar, que o que faz o país andar efetivamente são as empresas, não os governos. Tome como argumento alguns exemplos. Se você visitasse localidades relativamente seguras do Rio de Janeiro, no início de 2019, você iria constatar que o Estado se encontra pujante, vigoroso, transpirando modernidade. Estou me referindo ao Aeroporto Santos Dumont, ao Museu do Amanhã. Mesmo tendo alguns de seus ex-governantes presos e uma assembleia legislativa com um percentual inacreditável (para as nações mais civilizadas) de parlamentares presos ou sofrendo processos judiciais.

A economia continua girando, porque são as melhores empresas, a renda das pessoas, a tecnologia que fazem esta roda girar. Não os governantes. Sim, o governo pode atrapalhar muito. Basta que voltemos nossos olhares para o que está acontecendo com a Venezuela. Os governos podem atrapalhar muito, mas não são propriamente os governos que fazem esta roda girar. São as empresas. A importância de um país não está nos poderes executivo, legislativo e judiciário. Está nos produtos que este país produz, vende domesticamente, exporta. Está no agregado tecnológico destes produtos, na atividade produtiva de seus cidadãos, na educação, na cultura deste povo.

No entanto, se fizermos um retrospecto das políticas econômicas pós período em que o Brasil foi governado pelos militares, veremos exatamente o contrário. Um persistente e ineficaz esforço de controle do chamado tripé macroeconômico: meta de inflação, equilíbrio fiscal e flexibilidade cambial. Sem dúvida o equilíbrio deste tripé é fundamental e tudo indica que o novo governo brasileiro, iniciado em 2019 pelo presidente Jair Bolsonaro deverá não apenas mantê-lo, mas dar a ele mais flexibilidade com reformas fundamentais como a da previdência e a tributária.

O mesmo se dando em todo o período pós 1964, passando pelos presidentes Fernando Henrique Cardoso, Luiz Inácio Lula da Silva e Dilma Rousseff. Dois contrapesos a estas críticas devem ser devidamente creditados. O controle da inflação obtido com o plano real, instituído ainda sob os auspícios de um FHC ministro da fazenda. E a tentativa um tanto errática, mas aparentemente bem-intencionada, de alguns ministros do PT que, confundindo o estímulo setorial com a distribuição de benesses individuais, não souberam fazer a lição de casa da microeconomia.

Ainda que o período dos militares (1964-1985) tenha se caracterizado por um forte desenvolvimento industrial, tal feito foi realizado sobre um apadrinhamento que abriu as portas da corrupção no país, uma vez que permitiu a mais perversa simbiose entre os interesses público e privado. Atendendo especificamente aos interesses da mais atrasada oligarquia empresarial, representada por conglomerados empresariais dos setores da construção civil e da indústria de máquinas pesadas e equipamentos de capital. Ainda assim, o período foi sublinhado por grande desenvolvimento econômico. Para confirmar a importância deste período no desenvolvimento econômico brasileiro, basta que se verifique a cronologia de criação de muitas das nossas mais importantes empresas.

Agora é chegada a hora da nova estratégia que estamos propondo para o Brasil, com ênfase na microeconomia dos setores mais produtivos, numa conjugação de clusters empresariais estratégicos, apoiados pelas empresas menores e uma nova economia social embasada no conceito de valores compartilhados e apoiada por universidades, institutos de pesquisa e ONGs.

Agora é chegada – ou, se preferirem é retomada – a hora da microeconomia dos setores produtivos. Sem apadrinhamento das oligarquias ou qualquer outro interesse, ideológico ou partidário. Mas com uma política tributária progressiva sobre a renda e regressiva sobre a produção, apoiando vigorosamente o fortalecimento dos setores estratégicos. Com corajosa desvinculação das despesas constitucionais obrigatórias, para facilitar as transferências a estados e municípios envolvidos em clusters empresariais estratégicos. É sobremaneira importante que entendamos o papel fundamental dos estados e municípios brasileiros no delineamento desta estratégia.

É chegada a hora da inclusão pelo mercado e Estado mínimo. Vejamos mais detalhes sobre como isto pode ser feito.

Setores estratégicos para o Brasil

Uma vez delineada a nova estratégia para o Brasil, qual seja, a microeconomia dos clusters estratégicos, com ênfase na teoria do Diamante, assentada nos valores compartilhados e, não tendo a pretensão de "esgotar" assunto de tal envergadura, vou procurar indicar os setores estratégicos brasileiros. Seja em função da vocação já demonstrada por nosso país, seja em função de empresas líderes, ou a disponibilidade de recursos humanos especializados. Ou até mesmo vocações regionais.

No meu entender os setores-alvo são: o aeroespacial, agronegócio, biotecnologia, cultura, educação, petróleo, química fina, telecomunicações e saúde.

Evidentemente, não se está propondo a desconsideração para com inúmeros outros setores de atividades, não menos importantes. Quem desprezaria as vinícolas do sul do Brasil, ou os calçados da região sudeste? Muito pelo contrário. O cluster vinícola do Vale dos Vinhedos, na região serrana do Rio Grande do Sul e o cluster calçadista de Franca, no interior de São Paulo são excelentes exemplos para o Brasil.

E, com a mesma ênfase, penso que nenhuma política pública com alvo na competitividade do país deixaria de considerar a importância cada vez maior do setor de serviços. Basta que se visite grandes centros comerciais e de serviços, como as avenidas Paulista, Faria Lima ou Berrini em São Paulo, para que se constate a pujança do setor de serviços brasileiro.

O que estou propondo a seguir é que os projetos que estão sendo e serão elaborados no Brasil nestes setores estratégicos estejam atentos a esta nova proposta de planejamento estratégico. Pelo seu potencial de inserir as pequenas empresas brasileiras (dos setores primário, secundário e terciário) como agentes de suporte, e pelo seu potencial para solucionar rapidamente impasses como o financeiro e de acesso às fontes de financiamento.

Sabe-se que hoje estes problemas desencorajam e constrangem empresas dos dois lados da cadeia produtiva. As empresas líderes acabam adotando a postura de incorporação das menores por fusões e aquisições, muitas vezes sob críticas de atitude monopolista. E as empresas pequenas, sem acesso às cadeias produtivas, ficam apartadas também das fontes de financiamento e de desenvolvimento tecnológico. Ocorre que infelizmente as empresas líderes brasileiras, em muitas situações, saem incorporando as menores por absoluta falta de opções em função da inexistência de políticas públicas que facilitem a vida das empresas menores e seu engajamento, como desburocratização, redução da carga tributária e flexibilização das leis trabalhistas.

Hoje a comunidade científica brasileira dispõe de estudos suficientes sobre os desafios para a competitividade em cada um destes setores estratégicos. Sendo desnecessário que eu passe a fazê-lo agora.

Permito-me apenas citar um trabalho de mestrado que ilustra bem o tipo de considerações que passariam a ser feitas em cada um dos setores estratégicos. Trata-se do trabalho intitulado "O desenvolvimento da cadeia industrial aeronáutica sob o prisma da competitividade", do Major Aviador Ricardo Henrique Correa dos Santos, defendida na Universidade da Força Aérea (2018). Neste trabalho o autor detalha de maneira exemplar as variáveis e demais questões fundamentais que devem fazer parte de uma análise da cadeia industrial, de maneira que se logrem resultados favoráveis à competitividade do país.

O trabalho citado no parágrafo anterior teve foco, como diz o próprio título, no setor aeronáutico. E seria o caminho virtuoso para as proposições deste livro, nos setores já elencados.

Gostaria de enfatizar outro caso, ocorrido no Brasil recentemente, desta vez com ênfase no setor aeroespacial. Estou me referindo ao lançamento que fizemos do satélite geoestacionário de defesa e comunicações estratégicas (SGDC) em 04 de maio de 2017.

Mas antes, vejamos algumas informações retrospectivas diretamente relacionadas, e necessárias para a compreensão do caso. O Brasil possui pontos de localização geográfica que estão entre os mais privilegiados no mundo para o lançamento de satélites. Estou me referindo às bases de lançamento de "Alcântara", na localidade de mesmo nome, no estado do Maranhão e a base da "Barreira do Inferno", em Parnamirim, no estado do Rio Grande do Norte.

Ocorre que ter uma boa localização é importante, mas não é o suficiente. O "passaporte" para o ingresso de um país no clube dos detentores de tecnologia aeroespacial completa é o chamado veículo lançador de satélites (VLS). Estes veículos lançadores encerram problemas tecnológicos muito complexos, relacionados, entre outros, ao combustível (líquido ou sólido) que será utilizado. E nós no Brasil estávamos indo muito bem nisso, envolvendo várias empresas, grandes e pequenas, sob a coordenação geral da Força Aérea Brasileira. E estávamos com boas perspectivas para concretizar este sonho moderno de adentrar o seleto grupo de países detentores do ciclo completo da tecnologia aeroespacial.

Quando o imprevisto infelizmente ocorreu. Lembra-se do Diamante do Porter e o papel do acaso, discutidos no capítulo 4 deste livro? Pois é, o acaso infelizmente ocorreu em 2003, na forma de uma tragédia que ceifou a vida de vinte e dois de nossos melhores técnicos e engenheiros. Atrasando de forma quase irrecuperável a cadência de nosso avanço.

A Estratégia Nacional de Defesa é o documento que rege o planejamento estratégico do setor de defesa no Brasil. Foi lançado em 2008 pelos então ministros Nelson Jobim (Ministério da Defesa) e Roberto Mangabeira Unger (Secretaria de Assuntos Estratégicos). Ainda que tenha sofrido depois uma série de alterações, o texto de 2008 enfatizava que deveríamos buscar autonomia nos setores nuclear, cibernético e aeroespacial. E a busca desta autonomia iria nos levar ao fortalecimento das cadeias industriais, com pequenas, médias e grandes empresas brasileiras interagindo.

Mas com o acidente de Alcântara e os sucessivos contingenciamentos orçamentários que ainda se fazem no Brasil, através de mecanismos existentes na própria Lei de Diretrizes Orçamentárias (LDO), assim como na lei dos Planos Plurianuais (PLA), os investimentos não foram feitos. E acabamos tendo que contratar um consórcio de empresas estrangeiras para fazê-lo, lideradas pela joint-venture Visiona, uma parceria entre a Embraer e a Telebrás.

De forma que acabamos lançando o SGDC a partir de uma base de lançamentos estrangeira, pela contratação de empresas estrangeiras na fabricação do satélite. Isto foi e continua sendo importante. Mas não o suficiente. Dado o potencial que este setor oferece para o avanço tecnológico e o adensamento da cadeia produtiva para muitas empresas e institutos de pesquisa brasileiros.

Sempre fui um ávido defensor das pequenas empresas e a promessa que estas organizações representam no concerto de muitos países. Agora é chegada a hora de se encontrar uma solução definitiva para estas importantes organizações, inserindo-as nas cadeias produtivas de nossas empresas líderes nos setores apontados anteriormente. Como? Pelo mercado de capitais. Entendo que a partir do momento que estas empresas menores estiverem equilibradas financeiramente, fazendo parte de um projeto estratégico de nação – pense numa família que, equilibrando suas finanças, finalmente consegue pensar em poupar – terão recursos disponíveis para investirem no mercado de capitais, realimentando a roda da economia com eficácia. Com oportunidade de que elas integrem cadeias produtivas de fabricantes nacionais, para produtos brasileiros de alto agregado tecnológico, como os satélites.

Robert J. Gordon (2016) aponta que inovações tecnológicas como a eletricidade, os motores a explosão interna e os aviões, hoje propulsionados por motores à jato, representaram avanços e transformações para as civilizações, que não se comparam aos avanços muito inferiores[9] que estão sendo verificados atualmente pelas tecnologias de telecomunicações e de computação.

Pois bem, se em retrospecto, como faz Gordon (2016), recordarmos novamente que o impulso para o deslocamento das famílias norte-americanas das fazendas para as áreas urbanas, vislumbrando o contato social e o consumo, se deu principalmente em função do automóvel – em substituição às carroças tracionadas por cavalos – teremos mais ingredientes para uma prospecção de futuro oportuníssima para o Brasil.

Quando os automóveis surgiram, substituíram os cavalos em função da maior mobilidade que ofereceram aos seus proprietários. Tanto assim que os proprietários rurais se empenharam diretamente, assumindo inclusive o ônus econômico da ampliação das malhas rodoviárias existentes. Mas quantas outras culturas tinham à época, ou têm hoje em dia, a mesma aspiração de contato social e de consumo? Alguns autores insistem em debitar na conta da televisão e da internet os males da atual sociedade consumista. Mas quantas culturas, quantos povos podem prescindir dos automóveis e dos aviões?

Será que alguns destes povos que hoje reagem com tanta violência aos avanços do *"american way of life"* ficariam mais felizes retornando ao tipo de vida

---

[9] O autor citado apoia seus argumentos em medidas de produtividade como o Produto Interno Bruto (PIB) e a Produtividade Total dos Fatores (PTF) de produção.

que se levava nas fazendas ou em outras propriedades rurais, ou mesmo urbanas, da mesma forma onde residiam a maior parcela dos norte-americanos quando o automóvel surgiu? Não estou falando de idealismos, sentimentalismo ou romantismo de voltarmos a viver como viviam antigamente nossos antepassados. Estou falando de uma possível reversão deste atual estado de conflitos existentes no mundo contemporâneo globalizado.

Será que os automóveis e os aviões não desaparecerão da mesma forma como aconteceu com os cavalos? Os cavalos geravam externalidades negativas, na forma de esterco e urina e apropriação das terras cultivadas para alimentá-los, e que depois, com a chegada dos automóveis passaram a ser utilizadas para produção de alimento humano. Hoje os automóveis também estão gerando substanciais externalidades negativas, na forma de poluição do ar e esgotamento das reservas de energia não renovável. O mesmo podendo ser dito dos aviões.

Será que os satélites não passarão a representar no século XXI o mesmo que os automóveis e os aviões representaram nos séculos XIX e XX?

Parece-me possível que os satélites – e toda sua enorme capacidade de conexão – irão permitir que as pessoas se unam de forma diferente, não fisicamente, mas de uma maneira muito mais fácil e significativa, sem que para isso seja necessária a mesma mobilidade.

A mobilidade dos povos, como estamos argumentando ao longo deste livro, iniciou-se muito antes dos automóveis e dos aviões. Foram as grandes navegações do século XIV que proporcionaram uma "ligação" entre os povos e deram a partida para o que jamais se verificara antes, e como depois nunca mais se retrocedeu.

Hoje talvez estejamos vivendo o limiar deste "jamais verificado" retrocesso. Isto porque os povos estarão fortemente conectados por aparatos tecnológicos como os satélites, mas com liberdade de conteúdos muito maior do que aqueles que foram dados pelos aparelhos de televisão e seus conteúdos pasteurizados.

Os benefícios de pensarmos do "cavalo ao satélite", como foi proposto no início deste livro, vão muito além da "conexão imóvel". Conexão esta que não é nem um pouco vazia de significados, pois não mais é vulnerável a "transplantes culturais" como fez a televisão.

Estes benefícios passam ainda por todo um potencial industrial que o Brasil tem novamente a chance de realizar, da mesma forma que teve – e realizou fortemente inspirado nos feitos de Santos-Dumont, Severo de Albuquerque Maranhão, Bartolomeu de Gusmão. Basta olharmos para uma das mais importantes indústrias aeronáuticas do planeta, a brasileira Embraer.

Vontade de interagir, comprar. Estas eram características inerentes à população norte-americana que se beneficiou de maneira primeva de tecnologias como a eletricidade, os motores a explosão, os aviões e as telecomunicações.

De maneira que talvez os satélites venham a representar uma nova possibilidade de realizar a mesma interação, sem os prejuízos culturais, étnicos e religiosos que a televisão causou. E o Brasil, posicionado como está no setor aeroespacial, não pode perder a oportunidade de liderar este feito.

> *Se não agisse como um pato eu não teria sobrevivido*
> Há um chiste muito repetido na cultura brasileira que faz referência aos patos. Os patos nadam, andam e voam. E por fazerem tantas coisas, acabam por não fazer nada direito. Não são exímios nadadores, não são exímios ao andar, nem ao voar. Pois é assim mesmo que eu me vejo. Comparo-me com um pato. Aprendi a andar de bicicleta, jogar tênis, nadar, pilotar aviões, criar cavalos, tocar um instrumento musical e dirigir carros e motocicletas. Certa vez um cadete, após uma de minhas aulas de planejamento estratégico, me perguntou se eu era um bom piloto. Ao que respondi: você já viu um pato voando? Sou um pato. Mas acontece que com as experiências que a vida me reservou, caso eu não agisse como um pato, se tivesse algumas poucas especialidades, não teria sido capaz de me manter vivo, nem capacidade para me levantar e seguir lutando. Em uma fase de minha vida li avidamente os livros do filósofo indiano Jiddu Krishnamurti, que advoga sobre a importância de se ter uma vida integral, com trabalho equilibrado e em permanente contato com a natureza. Depois do nascimento de meu primeiro filho, em bucólicas vivências rurais, procurei ensinar a ele a importância de se ter, na vida, múltiplos interesses, equilibrando-os. Espero que estes ensinamentos sejam úteis ao meu primogênito. Para mim, e muitos de nossa família, se não fosse assim, na busca por este equilíbrio e múltiplos interesses, creio que não teríamos suportado todos os desafios como os que a vida nos reservou. Sempre procurando dar o exemplo de se levantar e seguir em frente. Com este chiste encerro este livro. Na certeza de que se não fui convincente, ao menos o pato tentou ajudar também como um escriba. Agora, em função da fase de vida, mais preocupado com sua pátria e as futuras gerações.

Para encerrar este livro, sugiro aos leitores que ainda não compreenderam a força do ecletismo do povo brasileiro, que assistam ao vídeo do saxofonista Inaldo "Spok" Cavalcanti e do baterista Adelson Silva, acompanhados da Orquestra Jazz Sinfônica. Com ênfase especial na dança de Alisson Lima (disponível em https://m.youtube.com/watch?v=_t-hV2fm7LQ).

Pirassununga, verão de 2019.

Bibliografia

ACEMOGLU, J. & ROBINSON, D. **Por que as nações fracassam: as origens do poder, da prosperidade e da pobreza.** Rio de Janeiro: Elsevier, 2012.

ASSOCIAÇÃO BRASILEIRA DE FRANCHISING, 2014. www.portaldofranchising.com.br. Acessado em 04 de novembro de 2014 as 18h50'.

BAZERMAN, Max. **The power of noticing: what the best leaders see.** New York: Simon & Schuster, 2014.

BERGREEN, L. **Colombo: as quatro viagens.** Rio de Janeiro: Objetiva, 2011.

BESANKO, D.; DRANOVE, D. & SHANLEY, M. **Economics of strategy.** New York: John Wiley & Sons, 2000.

BRASIL, 2010. **Secretaria de Assuntos Estratégicos da Presidência da República do Brasil** (SAE, 2010). A nova classe média brasileira 2004-2010".

CALDEIRA, Jorge. **História da riqueza no Brasil: cinco séculos de pessoas, costumes e governos.** Rio de Janeiro: Estação Brasil, 2017.

DURKHEIM, Emile. **The elementary forms of the religious life (English Edition).** Por Joseph Ward Swaim, 2012.

FREYRE, Gilberto. **Casa-grande & senzala.** 32ª ed. Rio de Janeiro: Record, 1997.

GIGERENZER, Gerd. **On narrow norms and vague heuristics: a reply to Kahneman and Tversky**

(1996). Psychological Review, 1996. Vol. 103 No. 3, 592-596.

GIGERENZER, Gerd. **Risk savvy: how to make good decisions.** New York: Viking, 2014.

GITMAN, Lawrence. **Princípios de administração financeira.** São Paulo: Atlas, 1984.

GORDON, Robert. **The Rise and Fall of America Growth.** Princeton University Press, 2016

HARARI, Yuval Noah. **Homo Deus: uma breve história do amanhã.** São Paulo: Companhia das Letras, 2015.

HARARI, Yuval Noah. **Sapiens: a brief history of humankind.** New York: Harper Perennial, 2011.

ISAACSON, W. **Steve Jobs.** São Paulo: Cia da Letras, 2014.

JOSEPH, Miriam. **O trivium.** São Paulo: É Realizações Editora, 2002.

KAHNEMAN, Daniel & TVERSKY, Amos. **On the reality of cognitive illusions.** Psychological Review, 1996. Vol.103 No. 3, 582-591.

KAHNEMAN, Daniel. **Thinking, fast and slow.** New York: Farrar, Straus and Giroux, 2011.

KOTLER, Philip, HESSEKIEL, David & LEE, Nancy R. **Boas ações: uma nova abordagem empresarial. Como integrar o marketing a ações corporativas que geram dividendos sociais e retorno financeiro sustentável.** São Paulo: Campus, 2012.

LEITÃO, Miriam. **História do futuro: o horizonte do Brasil no século XXI**. Rio de Janeiro: Intrínseca, 2015.

LEVITIN, Daniel. **Música no seu cérebro**. São Paulo: Civilização Brasileira Editora, 2010.

MASI, Domenico de. **O futuro chegou: modelos de vida para uma sociedade desorientada**. Rio de Janeiro: Casa da Palavra, 2014.

PEREIRA, Valéria Marcondes. **Estabelecimento de vínculos na Força Aérea Brasileira: uma contribuição metodológica**. Tese de doutorado em Ciências Aeroespaciais. Universidade da Força Aérea, 2011-166p.

PORTER, Michael E. & KRAMER, Mark. **Strategy and society: The link between competitive advantage and corporate social responsibility.** "Harvard Business Review", December, 2006.

RIBEIRO, Darcy. **O povo brasileiro: a formação e o sentido do Brasil**. São Paulo: Companhia das Letras, 1995.

SANTOS, Ricardo Henrique C. **O desenvolvimento da cadeia industrial aeronáutica sob o enfoque da competitividade**. Dissertação de Mestrado. Universidade da Força Aérea, 2018.

SÉRIO, Luiz Carlos Di (Organizador). **Clusters empresariais no Brasil: casos selecionados.** São Paulo: Saraiva, 2007.

SILVA, Carlos Ari César Germano da. **O rastro da bruxa: história da aviação comercial brasileira no** século XX através de seus acidentes – 1928 a1996. Porto Alegre: Edipucrs, 2014.

SILVA, L.M.A. **Instrumentalização do planejamento estratégico: aplicação no setor aeroviário comercial brasileiro.** Tese de Doutorado. Faculdade de Economia e Administração da Universidade de São Paulo, 2000-181p.

SILVA, L.M.A. **Tomada de decisões em pequenas empresas.** São Paulo: Cobra Editora, 2004.

SILVA, L.M.A. & ALMEIDA, M.I.R. **Tópicos de planejamento estratégico no setor de defesa e na Força Aérea Brasileira.** Revista da UNIFA. Rio de Janeiro 21(24): 33-43, julho de 2009.

SILVA, L.M.A. & SILVA, C. A.L. **Intervening variables in the basic doctrine of the Brazilian Air Force: a methodological proposal from the perspective of dynamic complex systems.** Abingdon: Routledge, 2017.

SILVA, L.M.A. **Administração estratégica e identificação com os valores empresariais.** Dissertação de Mestrado em Administração. Pontifícia Universidade Católica de São Paulo, 1996.

SILVA, L.M.A., MIGON, E.X.F.G., NUNES, R., PAGGIARO, F.S. **Inovação e tomada de decisão em defesa: considerações introdutórias ao planejamento baseado em capacidades.** Artigo aceito para publicação: Revista de Relaciones Internacionales, Estrategia Y Seguridad, Bogotá, 2019.

SOUZA, Jessé. **A tolice da inteligência brasileira: ou como o país se deixa manipular pela elite**. São Paulo: Leya, 2015.

PINKER, Steven. **Os anjos bons da nossa natureza.** São Paulo: Companhia das Letras, 2012

PINKER, Steven. **O novo iluminismo: em defesa da razão, da ciência e do humanismo**. São Paulo: Companhia das Letras, 2018.

STEVENSON, W.J. **Estatística aplicada à Administração**. São Paulo: Harbra, 1986.

STIGLITZ, Joseph E. **The price of inequality: how today's divided society endangers our future.** New York: W.W. Northon & Company, 2012.

VIANNA, Nadia Wacila Hanania. **Probabilidade subjetiva e o júri de especialistas**. Dissertação de Mestrado. Escola de Administração de Empresas de São Paulo da Fundação Getúlio Vargas, 1982-84p.

VIANNA, Nadia Wacila Hanania. **A subjetividade no processo de previsão**. Tese de doutorado. Faculdade de Economia e Administração – Universidade de São Paulo, 1989.

CURRÍCULO DO AUTOR

Nascido em São Paulo, capital, Luiz Maurício de Andrade da Silva (1956) é graduado e mestre em Administração de Empresas pela Pontifícia Universidade Católica de São Paulo (PUC-SP) e doutor, também em Administração de Empresas, pela Universidade de São Paulo (FEA-USP). Além de ser professor universitário e pesquisador na área, foi colaborador de empresas nacionais e multinacionais, assim como de importantes escritórios brasileiros de consultoria. É cofundador e atual presidente do Comitê Consultivo da Associação Helena Piccardi de Andrade Silva (www.ahpas.org.br), entidade sem fins lucrativos de transporte de crianças em tratamento de câncer. Professor aposentado da Academia da Força Aérea, atualmente é sócio diretor da LMA Desenvolvimento de Indivíduos e Organizações Ltda. É também professor e pesquisador voluntário no Mestrado Profissional em Ciências Aeroespaciais da Universidade da Força Aérea (RJ). É conselheiro de Administração certificado pelo Instituto Brasileiro de Governança Corporativa (IBGC). É piloto privado, habilitado em aeronaves monomotoras (VFR).

O autor é responsável completo por esta obra e seu conteúdo.

É proibida a cópia total ou parcial do conteúdo deste livro.

É proibida a revenda desta obra com a capa (copyright).

www.ingramcontent.com/pod-product-compliance
Lightning Source LLC
Chambersburg PA
CBHW030652220526
45463CB00005B/1740